Die köstlichsten
Ansatzschnäpse

garant

Die köstlichsten

Ansatzschnäpse

100 leckere Rezepte

garant

VORWORT

Großvaters Angesetzte sind so manchem von uns noch in guter Erinnerung. Gerade zu den Feiertagen war es ein guter alter Brauch, wenn Opa in den Keller ging, ein Fläschchen seiner fruchtigen Köstlichkeiten holte und jedem ein Gläschen mit den entsprechenden eingelegten Früchten kredenzte. Ob Schlehen, Kräuter, Beeren oder Äpfel und Birnen, ob Weichseln, Zwetschgen oder Kirschen, ob Eier- oder Sahnelikör – der Fundus in Großvaters Likörregal war fast unerschöpflich. Dieses Wissen darf einfach nicht verloren gehen und wir wollen Ihnen mit diesem Buch die Möglichkeit geben, Großvaters Wissen neu zu entdecken. Wer einmal einen Angesetzten selbst hergestellt hat, der wird schnell mit dem Virus infiziert und wird versuchen immer neue Kreationen selbst herzustellen. Zudem haben wir heute, dank der modernen Technik, noch sehr viel mehr Auswahl an Früchten, wir sind nicht mehr an die Erntezeit unserer heimischen Früchte gebunden, sondern können das ganze Jahr über neue Schleckereien ansetzen.

Großvaters Angesetzte gehören zu der großen Gattung Liköre. Die Herstellung von Likören ist bereits seit dem 13. Jahrhundert bekannt. Heute wird der Begriff „Likör" als Mischgetränk definiert. Bei der Zubereitung werden Alkohol, Zucker und Aromaträger verwendet. Aromaträger sind Früchte, Fruchtsäfte oder Fruchtextrakte, Kräuter und Kräuterextrakte, Gewürze und natürliche sowie naturidentische Aromen. Wenn Liköre in den Handel kommen, so müssen rechtliche Bestimmungen beachtet werden. Diese besagen, dass der Zuckeranteil im Likör mindestens 100 g pro Liter, bei den Cremelikören sogar 250 g pro Liter betragen muss. Auch der Alkoholgehalt ist gesetzlich festgelegt. So müssen bei den so genannten Emulsionslikören, z. B. bei Eierlikör, mindestens 14 % vol, bei allen anderen Likören mindestens 15 % vol Alkohol enthalten sein.

Für das Ansetzen von Likören werden die Früchte verlesen, gewaschen – kleine Früchte bleiben ganz und die großen Früchte werden nur grob zerkleinert –, um anschließend mit Zucker oder zerstoßenem Kandis vermischt und mit Alkohol übergossen an einem kühlen, dunklen Ort reifen zu können. Dieses Reifen wird Extraktion oder auch Mazeration genannt. Bei diesem Vorgang werden die wichtigen Geschmacks- und Farbstoffe, die unter der Fruchthaut in den Fruchtstückchen sitzen, vom Alkohol herausgelöst. Von besonderer Bedeutung ist der Fruchtanteil. Ganz gleich, ob Sie Fruchtsaft oder Fruchtpüree verwenden, er sollte immer 40–60 % des Likörs ausmachen, nur dann verleiht er dem Likör das typische Fruchtaroma. Bei der Versetzung von Zucker schwankt der Anteil pro Liter zwischen 100 und 400 g. Für die Menge ist der eigene Zucker- und Säuregehalt der Früchte ausschlaggebend. Der zugesetzte Alkohol stabilisiert die Mischung und verhindert eine Gärung oder einen Schimmelbefall. Er bestimmt aber auch das Aroma.

Wenn Sie die wenigen Grundregeln beachten, so steht der Produktion von köstlichen Angesetzten nichts mehr im Wege. Mit Ihren deliziösen hausgemachten Spezialitäten können Sie Ihre Lieben und Ihre Gäste vortrefflich verwöhnen.

Viel Spaß und gutes Gelingen beim Ansetzen wünscht Ihnen

Ihre Redaktion.

EINLEITUNG

Rund ums Ansetzen

Großvaters Angesetzte sind einfach herzustellen und es bedarf keines großen Arbeitsaufwandes. Für das Ansetzen müssen Sie nicht die aufwändigen Gerätschaften zur Herstellung von Alkohol zur Hand haben. Wir verwenden für unsere Angesetzten, so wie es unsere Großväter auch machten, fertige Alkoholika. Diese bekommen Sie in großer Zahl und in vielen Geschmacksvariationen zu günstigen Preisen im Supermarkt. Wer seinen Likör aber mit reinem Alkohol herstellen will, der sollte auf die Produkte einer Monopolbrennerei zurückgreifen. Dieser Reinalkohol hat 96,0 % vol und wird industriell hergestellt. Der Vorteil der Verwendung eines reinen, geschmacksneutralen Alkohols liegt im Geschmack des fertigen Likörs. Je neutraler der Alkoholcharakter, umso typischer und ausgeprägter entfalten sich die Fruchtaromen.

Die Aromaträger

Das Wichtigste bei der Herstellung von Likören sind die Aromaträger. Verwenden Sie immer nur beste Produkte, die Früchte sollen vollreif, aber nicht überreif sein. Angeschlagene oder gar faule Früchte sollten Sie niemals für Ihre Ansätze verwenden. Getreu nach dem Motto: Was Sie hineingeben, das kommt auch wieder heraus.

Erdbeeren, Kirschen, Johannisbeeren, Himbeeren, Brombeeren, Heidelbeeren, Mirabellen, Äpfel, Birnen, Zwetschgen und Quitten sind die beliebtesten Früchte aus unseren heimischen Regionen. Sie können auch auf exotische Früchte zurückgreifen. Mangos, Ananas, Kiwis, Papayas, Feigen, Feijoas, Tamarillos, Lychees, Kumquats, Limequats, Mandarinen, Orangen oder Limetten und Zitronen sowie viele andere geben unseren Likören eine ganz besondere Note. Das ganze Jahr über haben Sie eine großartige, vielfältige und köstliche Auswahl auf den Obst- und Gemüsetheken bei Ihrem Obsthändler oder in den Märkten.

Neben den Früchten sollten Sie aber auch das reichhaltige Angebot an frischen Kräutern berücksichtigen. Mit ihnen, aber auch mit Gewürzen lassen sich köstliche Variationen herstellen. Experimentieren Sie nach Herzenslust und lassen Sie Ihrer Fantasie freien Lauf. Sie werden überrascht sein, wie herrlich der Geschmack der selbst angesetzten Liköre ist.

Verarbeitung der Früchte

Wenn Sie die Früchte für Ihre Liköre verarbeiten, sollten Sie möglichst auf Saisonfrüchte zurückgreifen. Diese Früchte haben dann den nötigen Frucht- und Säuregehalt, der für die Qualität Ihres Likörs ausschlaggebend ist. Es werden entweder die ganze Frucht, der Saft aus den Früchten, der Fruchtwein oder alkoholische Auszüge aus den Pressrückständen zur Likörbereitung verwendet. Bereiten Sie die Früchte besonders gründlich vor, sie sollten je nach Fruchtart gut gewaschen, entstielt, geschält, entkernt, klein geschnitten oder zerdrückt werden.

Wenn Sie Fruchtsaft herstellen, sollten Sie eine Korbpresse oder eine Wasserdruckpresse verwenden. Fruchtpüree können Sie mithilfe eines Pürierstabs, eines Mixers oder mit einer Mühle herstellen.

Verwendung von Zucker

Für die Herstellung Ihres Likörs ist Zucker neben Alkohol und Aromaträgern einer der wichtigsten Bestandteile. Zucker macht den Likör harmonisch und verleiht ihm seine Lieblichkeit. Im Normalfall verwendet man zur Herstellung von Likören Haushaltszucker in Form von Raffinade. Er sollte eine mittlere beziehungsweise feine Körnung besitzen. Der Zucker sollte immer aufgelöst beigegeben werden, hierfür verwendet man Wasser oder Fruchtsaft. Beim Wasser sollten Sie immer weiches Wasser bevorzugen. Hartes Wasser ist wegen der darin enthaltenen Salze und Mineralien problematisch, da diese in Alkohol nur schwer löslich sind. Auch gechlortes oder kohlensäurehaltiges Wasser sollte nicht zur Likörherstellung verwendet werden. Wasser aus der Leitung wird vor Gebrauch einige Minuten abgekocht und durch einen Filter gegossen. Das so vorbereitete Wasser muss erst vollständig erkalten, bevor Sie es dann, mit dem Alkohol vermischt, über Ihren Ansatz gießen.

Für die Herstellung eines Zuckersirups verwendet man auf 450 ml Wasser 1 g Zitronensäure und 50 bis 200 g Zucker (Zuckergehalt ist abhängig vom Süßegrad der verwendeten Früchte). Wasser und Zitronensäure werden in einem Topf erhitzt und dann der Zucker unter ständigem Rühren zugegeben. Lassen Sie die Flüssigkeit bei mäßiger Hitze 15 Minuten unter ständigem Rühren kochen. Nach dem Abschäumen kann der Sirup weiterverwendet werden. Neben dem normalen Zucker kann man aber auch Honig, Karamellsirup, Vanillezucker, weißen und braunen Kandiszucker oder Rohrzucker (braunen Zucker) verwenden.

Schon beim Ansatz sollten Sie sich für die Art des Zuckers entscheiden. Wollen Sie einen hellen Likör, so sollten Sie auf den weißen Zucker oder hellen Kandiszucker zurückgreifen. Wenn Sie einen dunklen Likör herstellen wollen, dann sollten Sie den braunen Kandiszucker, Honig oder Rohrzucker verwenden. Bei der Verwendung von Kandis müssen Sie nicht unbedingt einen Sirup herstellen. Kandis wird stecknadelkopfgroß zerkleinert und mit den vorbereiteten Früchten und einigen Gewürzen in einen Ballon oder ein anderes Ansatzgefäß gegeben. Jetzt wird er mit einem guten Weizenkorn aufgefüllt und das Ganze gut verschlossen an einen kühlen, dunklen Ort gestellt. Nach dem Reifen wird der Likör in dekorative Flaschen abgefüllt und wiederum gut verschlossen aufbewahrt. Die Früchte sollten Sie in kleinen Einmachgläsern mit etwas Alkohol übergossen und gut verschlossen ebenfalls aufbewahren.

Der Alkohol

Der zugesetzte Alkohol stabilisiert die Mischung und verhindert eine Gärung oder einen Schimmelbefall. Er bestimmt aber auch das Aroma. Der übliche Alkoholgehalt liegt bei Likören zwischen 18 % vol und 30 % vol. Die Menge des benötigten Alkohols lässt sich rechnerisch ermitteln.

Die Formel lautet:

$$\frac{\text{gewünschter Alkoholgehalt (\% vol)}}{\text{vorhandener Alkoholgehalt (\% vol)}} = \text{Liter Alkohol für 1 Liter}$$

Mit dieser Formel als Ausgangsbasis können Sie nun bestimmen, ob Sie den reinen Alkohol (bis zu 96 % vol) in Verbindung mit einem Zuckersirup oder einen Klaren (mindestens 38 % vol) mit Zucker, Kandis, Sirup oder Honig ansetzen. Welchen Klaren Sie dann verwenden, bleibt Ihrem eigenen Geschmack überlassen. Die Auswahl ist riesengroß und Testen und Probieren ist so lange angesagt, bis Sie mit Ihrem Ergebnis zufrieden sind. Mit unserem Grundrezept können Sie beginnen und sich in die Vielfalt von Großvaters Angesetzten einarbeiten.

Gutes Gelingen!

Grundrezept:

500–1000 g frische reife Früchte, 500 g weißer oder brauner Kandis, 1 Zimtstange, einige Nelken, 1 Vanilleschote, 3 Flaschen Weizenkorn 38 % vol.

Die vorbereiteten Früchte mit dem zerstoßenen Kandis in ein Ansatzgefäß geben. Die Gewürze hinzufügen und mit dem Weizenkorn auffüllen. Gut verschlossen an einem kühlen, dunklen Ort mindestens vier Wochen reifen lassen.

Verwendung von Likören

Wenn Sie nun Ihren Angesetzten Ihren Gästen und Ihren Lieben kredenzen, sollten Sie die aufbewahrten Früchte in dekorative Gläser geben, den entsprechenden Likör angießen und das Ganze am besten mit einem kleinen Cocktaillöffelchen oder mit Cocktailspießchen servieren. Aber bitte, hüten Sie sich vor einem übergroßen Genuss, nicht nur im Likör sitzt der Alkohol, sondern auch die Früchtchen haben es in sich. Unsere Angesetzten sollen zum Genießen sein und nicht einfach nur, um dem Alkohol zu frönen. Ein, maximal zwei Gläschen sind genug, denn schon nach dem zweiten Gläschen sollte das Auto stehen bleiben. Selbstverständlich können Sie die Liköre pur servieren, jedoch gibt es viele andere Möglichkeiten, Ihre köstlichen Ansätze zu genießen. Besonders beliebt sind Liköre zum Mixen der verführerischen Cocktailvariationen. In eine dekorative Flasche abgefüllt, wird Ihr Likör als Präsent ein voller Erfolg. Auch in der Küche und in der Backstube kommen Liköre oft zum Einsatz. Zum Würzen von pikanten oder süßen Soßen, zum Aromatisieren von Cremes und Desserts oder zum Verfeinern von Füllungen für Kuchen und Torten – Liköre geben all diesen Speisen eine besondere Note und den Pfiff.

100 Rezepte Selbstgemachter

Granatapfellikör

Für einen Ansatz:

1 kg Granatäpfel
1 Vanilleschote
2 Zimtstangen
500 g weißer Kandiszucker
100 ml Grenadinesirup
3 Flaschen à 750 ml Obstbranntwein 38 % vol

1. Die Granatäpfel unter heißem Wasser kräftig abbürsten und in grobe Würfel schneiden.

2. Die Vanilleschote der länge nach halbieren und anschließend klein schneiden.

3. Die Granatäpfel mit der Vanille, den Zimtstangen und dem zerstoßenen Kandiszucker in ein entsprechend großes Ansatzgefäß geben.

4. Den Grenadinesirup mit dem Obstbranntwein vermischen und über die Früchte gießen.

5. Das Ansatzgefäß gut verschließen und das Ganze an einem kühlen, dunklen Ort mindestens sechs Wochen reifen lassen.

6. Anschließend den fertigen Likör über ein sauberes, feines Passiertuch oder einen Papierfilter abseihen.

7. Den Granatapfellikör in dekorative, gut verschließbare Flaschen füllen und bis zum Verbrauch kühl stellen.

Likör von Kornelkirschen

Für einen Ansatz:

500 g Kornelkirschen
1 Vanilleschote
2 Zimtstangen
500 g weißer Kandiszucker
3 Flaschen à 750 ml Weizenbranntwein 38 % vol

1. Die Kornelkirschen verlesen, waschen und gut abtropfen lassen.

2. Die Vanilleschote der Länge nach halbieren und anschließend klein schneiden.

3. Die Kornelkirschen mit der Vanille, den Zimtstangen und dem zerstoßenen Kandiszucker in ein entsprechend großes Ansatzgefäß geben.

4. Den Weizenbranntwein über die Früchte gießen. Das Ansatzgefäß gut verschließen und das Ganze an einem kühlen, dunklen Ort mindestens sechs Wochen reifen lassen.

5. Anschließend den fertigen Likör über ein sauberes, feines Passiertuch oder einen Papierfilter abseihen.

6. Den Kornelkirschenlikör in dekorative, gut verschließbare Flaschen füllen.

7. Die Früchte separat in kleine, gut verschließbare Einmachgläser füllen und beides – Likör und Früchte – bis zum Verbrauch kühl stellen.

Granatapfel-likör mit Kirschen

Für einen Ansatz:

500 g Granatäpfel
500 g Sauerkirschen
2 Vanilleschoten
500 g brauner Kandiszucker
100 ml Kirschsirup
3 Flaschen à 750 ml Kirschbranntwein 38 % vol

1. Die Granatäpfel unter heißem Wasser kräftig abbürsten und in grobe Würfel schneiden.

2. Die Sauerkirschen waschen, entsteinen und klein schneiden.

3. Die Vanilleschoten der Länge nach halbieren und anschließend klein schneiden.

4. Die Granatäpfel mit den Kirschen, den Vanilleschoten und dem zerstoßenen Kandiszucker in ein entsprechend großes Ansatzgefäß geben.

5. Den Kirschsirup mit dem Kirschbranntwein vermischen und über die Früchte gießen.

6. Das Ansatzgefäß gut verschließen und das Ganze an einem kühlen, dunklen Ort mindestens sechs Wochen ziehen lassen.

7. Anschließend den fertigen Likör über ein sauberes, feines Passiertuch oder einen Papierfilter abseihen.

8. Den Granatapfellikör in dekorative, gut verschließbare Flaschen füllen und bis zum Verbrauch kühl stellen.

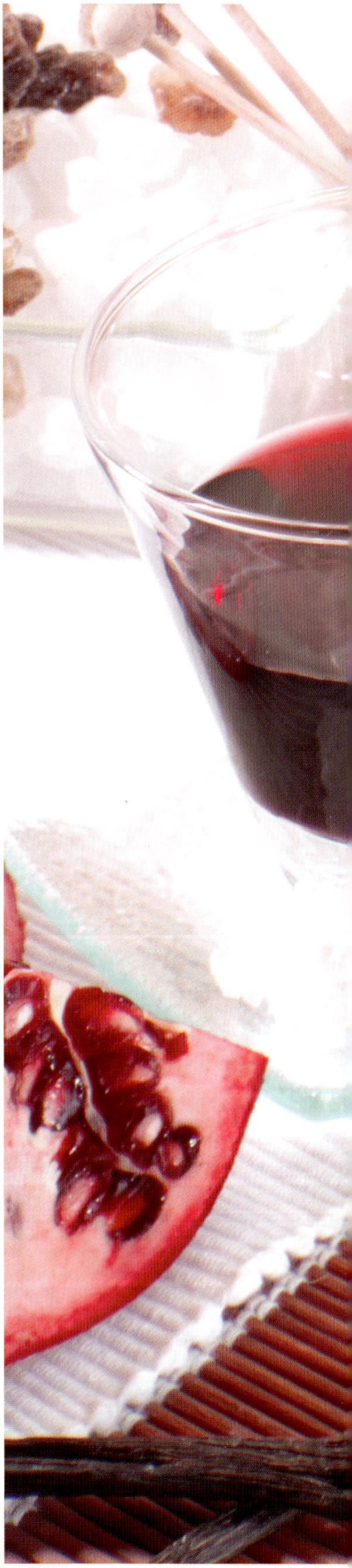

Kiwilikör

Für einen Ansatz:

1 kg Kiwis
1 Vanilleschote, 2 Zimtstangen
500 g weißer Kandiszucker
3 Flaschen à 750 ml Weizenbranntwein 38 % vol

1. Die Kiwis dünn schälen und in Würfel oder Scheiben schneiden.

2. Die Vanilleschote längs halbieren und anschließend klein schneiden.

3. Die Kiwistücke mit der Vanille, den Zimtstangen und dem zerstoßenen Kandiszucker in ein entsprechend großes Ansatzgefäß geben.

4. Den Weizenbranntwein über die Früchte gießen. Das Ansatzgefäß gut verschließen.

5. Das Ganze an einem kühlen, dunklen Ort mindestens sechs Wochen reifen lassen.

6. Anschließend den fertigen Likör über ein sauberes, feines Passiertuch oder einen Papierfilter abseihen.

7. Den Kiwilikör in dekorative, gut verschließbare Flaschen füllen und bis zum Verbrauch kühl stellen.

Grüner Kiwi-Apfel-Likör

(ohne Abbildung)

Für einen Ansatz:

3 säuerliche grüne Äpfel
250 g Zucker, Saft von 2 Limetten
150 ml Apfelsaft
150 ml Waldmeistersirup
4 Kiwis, 1 l weißer Rum 54 % vol

1. Die Äpfel waschen, mit einem Kernausstecher das Kerngehäuse ausstechen und die Äpfel in Stücke schneiden.

2. Die Apfelstücke mit dem Zucker, dem Limettensaft, dem Apfelsaft und dem Waldmeistersirup in einen Topf geben, zum Kochen bringen und bei mäßiger Hitze fünf Minuten köcheln lassen.

3. Die Äpfel vom Herd nehmen und erkalten lassen.

4. Die Kiwis schälen, das Fruchtfleisch pürieren und unter den Apfelsirup mischen.

5. Das Ganze in ein gut verschließbares Gefäß geben und mit dem Rum auffüllen.

6. Das Gefäß verschließen und an einem kühlen, dunklen Ort mindes-

tens acht Tage stehen lassen. Den Ansatz durch ein sauberes, feines Küchentuch passieren und in dekorative Flaschen füllen.

7. Den Kiwi-Apfel-Likör bis zum Verbrauch im Kühlschrank aufbewahren. Der Likör sollte möglichst bald verbraucht werden.

8. Sehr gut eignet sich der Kiwi-Apfel-Likör für Mixgetränke. Geben Sie einige Kiwischeiben in ein Longdrinkglas, übergießen Sie diese mit dem Likör und füllen Sie das Ganze mit Sekt, Champagner oder Weißwein auf.

Orangenlikör mit Kumquats

Für einen Ansatz:

300 ml Orangensaft
250 g brauner Zucker
2 Vanilleschoten, 2 Stück Sternanis
6 Orangen, 200 g Kumquats
1 l Wodka 40 % vol

1. Den Orangensaft mit dem Zucker, den längs halbierten, klein geschnittenen Vanilleschoten und dem Sternanis in einen Topf geben und auf 250 ml einkochen lassen. Den Orangensirup vom Herd nehmen und erkalten lassen.

2. Die Orangen schälen und die Filets herausschneiden. Die Kumquats unter heißem Wasser waschen, trocken tupfen und halbieren. Die Früchte mit dem Orangensirup in ein entsprechend großes Ansatzgefäß geben.

3. Den Wodka angießen. Das Ansatzgefäß gut verschließen und das Ganze an einem kühlen, dunklen Ort mindestens eine Woche reifen lassen.

4. Anschließend den fertigen Likör über ein sauberes, feines Passiertuch oder einen Papierfilter abseihen.

5. Den Orangenlikör in dekorative, gut verschließbare Flaschen füllen. Die Früchte separat in kleine, gut verschließbare Einmachgläser füllen und beides – Likör und Früchte – bis zum Verbrauch kühl stellen.

6. Zum Servieren die Früchte in die Gläser geben und mit dem Orangenlikör auffüllen.

Orangen-Kräuter-Likör

(ohne Abbildung)

Für einen Ansatz:

½ Bund Rosmarin
5–6 Salbeiblätter
10 g Fenchelkörner
Schale von 1 Orange und 1 Zitrone (unbehandelt)
1 unbehandelte Orange
250 g brauner Kandiszucker
250 ml Orangensaft
1 l Gin 40 % vol

1. Die Kräuter verlesen, waschen, trocken tupfen, mit den Fenchelkörnern und den klein geschnittenen Orangen- und Zitronenschalen in einen Topf geben.

2. Die Orange unter heißem Wasser gründlich abbürsten, in Würfel schneiden und mit dem zerstoßenen Kandiszucker dazugeben.

3. Den Orangensaft angießen, das Ganze unter ständigem Rühren zum Kochen bringen und so lange

kochen lassen, bis sich der Kandis vollständig aufgelöst hat.

4. Den Ansatz vom Herd nehmen, erkalten lassen und über ein sauberes, feines Passiertuch oder einen Papierfilter abseihen.

5. Den Gin unterrühren, in dekorative, gut verschließbare Flaschen füllen und das Ganze mindestens eine Woche an einem warmen Ort stehen lassen. Den Orangen-Kräuter-Likör bis zum Verbrauch kühl stellen.

Kirschlikör

Für einen Ansatz:

1 kg Süßkirschen
2 Vanilleschoten
2–3 Zimtstangen
einige Nelken
500 g brauner Kandiszucker
3 Flaschen à 750 ml Weizen-Doppelkorn 38 % vol

1. Die Kirschen verlesen, waschen, entkernen und gut abtropfen lassen.

2. Die Vanilleschoten der Länge nach halbieren und anschließend klein schneiden.

3. Die Kirschen mit der Vanille, den Zimtstangen, den Nelken und dem zerstoßenen Kandiszucker in ein entsprechend großes Ansatzgefäß geben.

4. Den Weizen-Doppelkorn über die Früchte gießen.

5. Das Ansatzgefäß gut verschließen und das Ganze an einem kühlen, dunklen Ort mindestens sechs Wochen reifen lassen.

6. Anschließend den fertigen Likör über ein sauberes, feines Passiertuch oder einen Papierfilter abseihen.

7. Den Kirschlikör in dekorative, gut verschließbare Flaschen füllen.

8. Die Früchte separat in kleine, gut verschließbare Einmachgläser füllen und beides – Likör und Früchte – bis zum Verbrauch kühl stellen.

Orangenlikör

Für einen Ansatz:

6 unbehandelte Orangen
2 Vanilleschoten
750 ml Wodka 40 % vol
250 ml Cointreau 40 % vol
300 g Pinienhonig

1. Die Orangen unter heißem Wasser gründlich waschen, abbürsten und trocken tupfen.

2. Zwei Orangen in Scheiben schneiden, die restlichen Orangen auspressen. Die Vanilleschoten der Länge nach halbieren und anschließend klein schneiden.

3. Die Orangenscheiben, den Orangensaft, die Vanille, den Wodka, den Cointreau und den Pinienhonig in ein entsprechend großes Ansatzgefäß geben.

4. Den Ansatz mindestens vier Wochen kühl und dunkel aufbewahren.

5. Anschließend den fertigen Likör über ein sauberes, feines Passiertuch oder einen Papierfilter abseihen. Den Orangenlikör in dekorative, gut verschließbare Flaschen füllen.

6. Je nach Geschmack die Orangenscheiben wieder dazugeben.

7. Den Orangenlikör bis zum Verbrauch kühl aufbewahren.

Himbeer-Honig-Likör

(ohne Abbildung)

Für einen Ansatz:

500 g frische Himbeeren
500 g Honig, 1 l Wodka 40 % vol

1. Die Himbeeren verlesen, waschen, trocken tupfen und in ein entsprechend großes Ansatzgefäß geben.

2. Den Honig und den Wodka dazugeben und den Ansatz zwei Wochen in der Sonne oder an einem warmen Ort stehen lassen. Danach den Ansatz im Keller weitere zwei Wochen ruhen lassen.

3. Anschließend den fertigen Likör über ein sauberes, feines Passiertuch oder einen Papierfilter abseihen. Den Himbeerlikör in dekorative, gut verschließbare Flaschen füllen.

4. Die Früchte hinzufügen und den Himbeerlikör bis zum Verbrauch kühl stellen. Zum Servieren jeweils einige Himbeeren mit in die Gläser geben.

Weinbrandlikör mit Zimtkirschen

Für einen Ansatz:

1 kg Süßkirschen
2 Vanilleschoten
2–3 EL Zimtpulver
1 Messerspitze Nelkenpulver
500 g brauner Kandiszucker
3 Flaschen à 750 ml Weinbrand 38 % vol

1. Die Kirschen verlesen, waschen, entkernen und gut abtropfen lassen.

2. Die Vanilleschoten der Länge nach halbieren und anschließend klein schneiden.

3. Die Kirschen mit der Vanille, dem Zimt- und dem Nelkenpulver sowie dem zerstoßenen Kandiszucker in ein entsprechend großes Ansatzgefäß geben.

4. Den Weinbrand über die Früchte gießen.

5. Das Ansatzgefäß gut verschließen und das Ganze an einem kühlen, dunklen Ort mindestens sechs Wochen ziehen lassen.

6. Anschließend den fertigen Likör über ein sauberes, feines Passiertuch oder einen Papierfilter abseihen.

7. Den Weinbrandlikör in dekorative, gut verschließbare Flaschen füllen.

8. Die Früchte separat in kleine, gut verschließbare Einmachgläser füllen und beides – Likör und Früchte – bis zum Verbrauch kühl stellen.

Johannisbeer-Grappa

Für einen Ansatz:

1 kg Johannisbeeren
1 Vanilleschote
2 TL Nelken
500 g brauner Kandiszucker
3 Flaschen à 750 ml Grappa 38 % vol

1. Die Johannisbeeren verlesen, waschen und gut abtropfen lassen.

2. Die Vanilleschote der länge nach halbieren und anschließend klein schneiden.

3. Die Johannisbeeren mit der Vanille, den Nelken und dem zerstoßenen Kandiszucker in ein entsprechend großes Ansatzgefäß geben.

4. Den Grappa über die Früchte gießen. Das Ansatzgefäß gut verschließen und das Ganze an einem kühlen, dunklen Ort mindestens sechs Wochen reifen lassen.

5. Anschließend den fertigen Likör über ein sauberes, feines Passiertuch oder einen Papierfilter abseihen.

6. Den Johannisbeergrappa in dekorative, gut verschließbare Flaschen füllen.

7. Die Früchte separat in kleine, gut verschließbare Einmachgläser füllen und beides – Likör und Früchte – bis zum Verbrauch kühl stellen.

Johannisbeerlikör

Für einen Ansatz:

1 kg Johannisbeeren
1 Vanilleschote
100 g Honig
500 g brauner Kandiszucker
3 Flaschen à 750 ml Obstbranntwein 38 % vol

1. Die Johannisbeeren verlesen, waschen und gut abtropfen lassen.

2. Die Vanilleschote der länge nach halbieren, klein schneiden und mit den Früchten, dem Honig und dem zerstoßenen Kandiszucker in ein entsprechend großes Ansatzgefäß geben.

3. Den Obstbranntwein über die Früchte gießen.

4. Das Ansatzgefäß gut verschließen und das Ganze an einem kühlen, dunklen Ort mindestens sechs Wochen ziehen lassen.

5. Anschließend den fertigen Likör über ein sauberes, feines Passiertuch oder einen Papierfilter abseihen.

6. Den Johannisbeerlikör in dekorative, gut verschließbare Flaschen füllen.

7. Die Früchte separat in kleine, gut verschließbare Einmachgläser füllen und beides – Likör und Früchte – bis zum Verbrauch kühl stellen.

Apfel-Minze-Likör

(ohne Abbildung)

Für einen Ansatz:

150 g Apfelminze
1,5 l Wodka 40 % vol
200 ml stilles Mineralwasser
300 g Zucker
500 ml Calvados 45 % vol
2 Dosen Babyäpfel (à 200 g)

1. Die Apfelminze verlesen, waschen, trocken tupfen und mit dem Wodka in ein entsprechend großes Ansatzgefäß geben.

2. Das Ansatzgefäß gut verschließen und den Ansatz drei Wochen kühl und dunkel aufbewahren. Anschließend den fertigen Ansatz über ein sauberes, feines Passiertuch oder einen Papierfilter abseihen.

3. Das Mineralwasser mit dem Zucker in einen Topf geben, aufkochen und abkühlen lassen.

4. Den Sirup mit dem Calvados zum Ansatz geben.

5. Die Babyäpfel hinzufügen und das Ganze nochmals ein bis zwei Wochen dunkel und kühl aufbewahren.

6. Den Likör in dekorative, gut verschließbare Flaschen füllen.

7. Die Babyäpfel separat in kleine, gut verschließbare Einmachgläser füllen und beides – Likör und Früchte – bis zum Verbrauch kühl stellen.

Trockenobst in Rum

Für einen Ansatz:

500 g Trockenobst (Ananas, Feigen, Datteln, Aprikosen, Pflaumen)
1 Tasse Ananassaft
250 g brauner Würfelzucker
2 Zimtstangen
einige Nelken
1 Vanilleschote
einige Zweige Pfefferminze
2 l brauner Rum 54 % vol

1. Die Früchte der Trockenobstmischung in mundgerechte Stücke schneiden und in ein entsprechend großes Ansatzgefäß geben.

2. Den Ananassaft mit dem braunen Zucker, den Zimtstangen, den Nelken und der aufgeschlitzten Vanilleschote in einen Topf geben, zum Kochen bringen, vom Herd nehmen und vollständig erkalten lassen.

3. Den Sirup mit der verlesenen, gewaschenen und gut abgetropften Pfefferminze unter das Trockenobst mischen.

4. Den Rum angießen, das Ansatzgefäß verschließen und das Ganze an einem kühlen, dunklen Ort sechs Wochen ziehen lassen.

5. Anschließend den fertigen Likör über ein sauberes, feines Passiertuch oder einen Papierfilter abseihen.

6. Den Likör in dekorative, gut verschließbare Flaschen füllen.

7. Die Früchte separat in kleine, gut verschließbare Einmachgläser füllen und beides – Likör und Früchte – bis zum Verbrauch kühl stellen.

Kiwilikör mit Physalis

Für einen Ansatz:

1 kg Kiwis
1 Vanilleschote
2 Zimtstangen
einige Nelken
500 g Zucker
3 Flaschen à 750 ml Obstbranntwein 38 % vol
100 g Physalis

1. Die Kiwis dünn schälen und in Würfel oder Scheiben schneiden.

2. Die Vanilleschote der länge nach halbieren und anschließend klein schneiden.

3. Die Kiwistücke mit der Vanille, den Zimtstangen, den Nelken und dem Zucker in ein entsprechend großes Ansatzgefäß geben.

4. Den Obstbranntwein über die Früchte gießen und die verlesenen, gewaschenen Physalis untermischen.

5. Das Ansatzgefäß gut verschließen und das Ganze an einem kühlen, dunklen Ort mindestens fünf Wochen ziehen lassen.

6. Anschließend den fertigen Likör über ein sauberes, feines Passiertuch oder einen Papierfilter abseihen.

7. Den Likör in dekorative, gut verschließbare Flaschen füllen.

8. Die Früchte separat in kleine, gut verschließbare Einmachgläser füllen und beides – Likör und Früchte – bis zum Verbrauch kühl stellen.

Beerenlikör mit Honig

Für einen Ansatz:

500 g gemischte Beeren (Brombeeren, Himbeeren, Walderdbeeren und Heidelbeeren)
1 Bund Pfefferminze
2 Päckchen Vanillezucker
300 g Honig
200 g brauner Kandiszucker
300 ml Heidelbeersaft
3 Flaschen à 750 ml Himbeergeist 38 % vol

1. Die Beeren verlesen, waschen, gut abtropfen lassen und in eine Schüssel geben.

2. Die Pfefferminze verlesen, waschen, trocken tupfen, zerpflücken und zu den Beeren geben. Mit Vanillezucker bestreuen, das Ganze mit einer Gabel zerdrücken und 10 Minuten ziehen lassen.

3. Den Honig mit dem zerstoßenen Kandiszucker und dem Heidelbeersaft in einen Topf geben und zum Kochen bringen.

4. Den Saft auf 250 ml einreduzieren lassen. Den Sirup vom Herd nehmen und vollständig erkalten lassen.

5. Die Beeren mit dem Sirup und dem Himbeergeist in ein entsprechend großes Ansatzgefäß geben.

6. Das Ansatzgefäß verschließen und das Ganze an einem kühlen, dunklen Ort mindestens sechs Wochen ziehen lassen.

7. Anschließend den Ansatz über ein sauberes, feines Passiertuch oder einen Papierfilter abseihen und die Beeren dabei kräftig ausdrücken.

8. Den Beerenlikör in dekorative, gut verschließbare Flaschen füllen und bis zum Verbrauch kühl stellen.

Brombeerlikör

Für einen Ansatz:

1 kg Brombeeren
2 Vanilleschoten
2–3 Zimtstangen
½ Bund Zitronenmelisse
100 g Honig
500 g brauner Kandiszucker
3 Flaschen à 750 ml Obstbranntwein 38 % vol

1. Die Brombeeren verlesen, waschen und gut abtropfen lassen.

2. Die Vanilleschoten der Länge nach halbieren und anschließend klein schneiden.

3. Die Brombeeren mit der Vanille, den Zimtstangen, der verlesenen, gewaschenen und zerpflückten Zitronenmelisse, dem Honig und dem zerstoßenen Kandiszucker in ein entsprechend großes Ansatzgefäß geben.

4. Den Obstbranntwein angießen. Das Ansatzgefäß gut verschließen und das Ganze an einem kühlen, dunklen Ort mindestens sechs Wochen ziehen lassen.

5. Anschließend den fertigen Likör über ein sauberes, feines Passiertuch oder einen Papierfilter abseihen. Die Kräuterzweige entfernen.

6. Den Brombeerlikör in dekorative, gut verschließbare Flaschen füllen.

7. Die Früchte separat in kleine, gut verschließbare Einmachgläser füllen und beides – Likör und Früchte – bis zum Verbrauch kühl stellen.

Himbeerlikör

Für einen Ansatz:

1 kg Himbeeren
2 Vanilleschoten
200 g Honig
300 g brauner Kandiszucker
3 Flaschen à 750 ml Himbeergeist 38 % vol

1. Die Himbeeren verlesen, waschen und gut abtropfen lassen.

2. Die Vanilleschoten der Länge nach halbieren und anschließend klein schneiden.

3. Die Himbeeren mit der Vanille, dem Honig und dem zerstoßenen Kandiszucker in ein entsprechend großes Ansatzgefäß geben.

4. Den Himbeergeist über die Früchte gießen. Das Ansatzgefäß gut verschließen und das Ganze an einem kühlen, dunklen Ort mindestens sechs Wochen ziehen lassen.

5. Anschließend den fertigen Likör über ein sauberes, feines Passiertuch oder einen Papierfilter abseihen.

6. Den Himbeerlikör in dekorative, gut verschließbare Flaschen füllen.

7. Die Früchte separat in kleine, gut verschließbare Einmachgläser füllen und beides – Likör und Früchte – bis zum Verbrauch kühl stellen.

Schlehenlikör

Für einen Ansatz:

1 kg Schlehen
1 Vanilleschote
2 TL Nelken
einige Wacholderbeeren
500 g brauner Kandiszucker
3 Flaschen à 750 ml Weizen-Doppelkorn 38 % vol

1. Die Schlehen verlesen, waschen, trocken tupfen und mit einem spitzen Messer mehrmals einstechen.

2. Die Vanilleschote der Länge nach halbieren und anschließend klein schneiden.

3. Die Schlehen mit der Vanille, den Nelken, den Wacholderbeeren und dem zerstoßenen Kandiszucker in ein entsprechend großes Ansatzgefäß geben.

4. Den Weizen-Doppelkorn über die Früchte gießen. Das Ansatzgefäß gut verschließen und das Ganze an einem kühlen, dunklen Ort mindestens sechs Wochen reifen lassen.

5. Anschließend den fertigen Likör über ein sauberes, feines Passiertuch oder einen Papierfilter abseihen.

6. Den Schlehenlikör in dekorative, gut verschließbare Flaschen füllen.

7. Die Früchte separat in kleine, gut verschließbare Einmachgläser füllen und beides – Likör und Früchte – bis zum Verbrauch kühl stellen.

Physalislikör

Für einen Ansatz:

750 g Physalis
2 unbehandelte Zitronen
2 Vanilleschoten
200 g Rapshonig
300 g weißer Kandiszucker
3 Flaschen à 750 ml Obstbranntwein 38 % vol

1. Die Physalis verlesen, waschen, halbieren oder vierteln und gut abtropfen lassen. Die Zitronen unter heißem Wasser abbürsten und in Würfel schneiden.

2. Die Vanilleschoten der Länge nach halbieren und anschließend klein schneiden.

3. Die Früchte mit der Vanille, dem Rapshonig und dem zerstoßenen Kandiszucker in ein entsprechend großes Ansatzgefäß geben.

4. Den Obstbranntwein über die Früchte gießen. Das Ansatzgefäß gut verschließen und das Ganze an einem kühlen, dunklen Ort mindestens sechs Wochen reifen lassen.

5. Anschließend den fertigen Likör über ein sauberes, feines Passiertuch oder einen Papierfilter abseihen.

6. Den Physalislikör in dekorative, gut verschließbare Flaschen füllen.

7. Die Physalis – ohne die Zitronenstückchen – separat in kleine, gut verschließbare Einmachgläser füllen und beides – Likör und Früchte – bis zum Verbrauch kühl stellen.

Feigen-Orangen-Likör

Für einen Ansatz:

500 g frische reife Feigen
500 g Orangen
500 g weißer Kandiszucker
3 Flaschen à 750 ml Obstbranntwein 38 % vol
frische Feigenschnitze zum Servieren

1. Die Feigen waschen, gut abtropfen lassen und halbieren oder vierteln. Die Orangen schälen und würfeln.

2. Die Früchte mit dem zerstoßenen Kandiszucker und dem Obstbranntwein in ein entsprechend großes Ansatzgefäß geben.

3. Das Ansatzgefäß gut verschließen und das Ganze an einem kühlen, dunklen Ort mindestens vier Wochen ziehen lassen.

4. Anschließend den fertigen Likör über ein sauberes, feines Passiertuch oder einen Papierfilter abseihen.

5. Den fertigen Likör in dekorative, gut verschließbare Flaschen füllen.

6. Die Feigen separat in kleine, gut verschließbare Einmachgläser füllen und beides – Likör und Früchte – bis zum Verbrauch kühl stellen.

7. Zum Servieren in jedes Glas einen frischen Feigenschnitz stellen und mit dem Likör auffüllen oder den Likör mit den Früchten aus dem Ansatz genießen.

Apfellikör
(ohne Abbildung)

Für einen Ansatz:

1 kg aromatische Äpfel
300 ml Apfelsaft
1 Vanilleschote
Saft von 1 Zitrone
500 g brauner Kandiszucker
3 Flaschen à 750 ml Obstbranntwein 38 % vol

1. Die Äpfel waschen, vierteln, entkernen, klein schneiden und in ein entsprechend großes Ansatzgefäß geben.

2. Den Apfelsaft mit der längs halbierten und klein geschnittenen Vanilleschote und dem Zitronensaft in einen Topf geben, zum Kochen bringen und auf 250 ml einreduzieren lassen.

3. Den Sirup vom Herd nehmen, vollständig erkalten lassen und mit den Äpfeln vermischen.

4. Den zerstoßenen Kandiszucker und den Obstbranntwein dazugeben.

5. Das Ansatzgefäß gut verschließen und das Ganze an einem kühlen, dunklen Ort mindestens drei Wochen ziehen lassen.

6. Den fertigen Likör über ein sauberes, feines Passiertuch oder einen Papierfilter abseihen, in dekorative, gut verschließbare Flaschen füllen und bis zum Verbrauch kühl stellen.

Zitronen-Melisse-Likör

Für einen Ansatz:

2 unbehandelte Zitronen
Saft und Schale von 2 unbehandelten Zitronen
½ Bund Zitronenmelisse
1 Vanilleschote
300 g Honig
100 ml Weißwein
2 l Grappa 60 % vol

1. Die Zitronen unter fließendem Wasser waschen, in Scheiben schneiden und in ein entsprechend großes Ansatzgefäß geben.

2. Den Zitronensaft und die abgeriebene Zitronenschale dazugeben.

3. Die Melisse waschen, trocken tupfen, die Blätter abpflücken und mit der längs halbierten, klein geschnittenen Vanilleschote zu den Zitronen geben.

4. Den Honig mit dem Weißwein in einen Topf geben und unter ständigem Rühren erhitzen. So lange rühren, bis sich der Honig vollständig aufgelöst hat.

5. Den Sirup vom Herd nehmen, erkalten lassen und zu den Zitronen geben.

6. Den Grappa angießen. Das Ansatzgefäß verschließen und den Ansatz mindestens zwei Wochen kühl und dunkel ziehen lassen.

7. Den fertigen Likör über ein sauberes, feines Passiertuch oder einen Papierfilter abseihen. Den Likör in dekorative, gut verschließbare Flaschen füllen.

8. Die Früchte separat in kleine, gut verschließbare Einmachgläser füllen und beides – Likör und Früchte – bis zum Verbrauch kühl stellen.

Feigenlikör

Für einen Ansatz:

1 kg frische reife Feigen
2 Vanilleschoten
200 g Akazienhonig
300 g weißer Kandiszucker
3 Flaschen à 750 ml Obstbranntwein 38 % vol

1. Die Feigen gründlich waschen, halbieren oder vierteln und gut abtropfen lassen.

2. Die Vanilleschoten der Länge nach halbieren und anschließend klein schneiden.

3. Die Feigen mit der Vanille, dem Akazienhonig und dem zerstoßenen Kandiszucker in ein entsprechend großes Ansatzgefäß geben.

4. Den Obstbranntwein über die Früchte gießen. Das Ansatzgefäß gut verschließen und das Ganze an einem kühlen, dunklen Ort mindestens sechs Wochen reifen lassen.

5. Anschließend den fertigen Likör über ein sauberes, feines Passiertuch oder einen Papierfilter abseihen.

6. Den Feigenlikör in dekorative, gut verschließbare Flaschen füllen.

7. Die Feigen separat in kleine, gut verschließbare Einmachgläser füllen und beides – Likör und Früchte – bis zum Verbrauch kühl stellen.

Birnenlikör

Für einen Ansatz:

1 kg vollreife süße Birnen
1 Vanilleschote, 2 TL Nelken
2–3 Zimtstangen
500 g brauner Kandiszucker
3 Flaschen à 750 ml
Obstbranntwein 38 % vol

1. Die Birnen waschen, schälen, halbieren und in Schnitze oder kleine Stücke schneiden. Die Vanilleschote der Länge nach halbieren und anschließend klein schneiden.

2. Die Birnenstücke mit der Vanille, den Nelken, den Zimtstangen und dem zerstoßenen Kandiszucker in ein entsprechend großes Ansatzgefäß geben.

3. Den Obstbranntwein über die Früchte gießen. Das Ansatzgefäß gut verschließen und das Ganze an einem kühlen, dunklen Ort mindestens sechs Wochen reifen lassen. Anschließend den fertigen Likör über ein sauberes, feines Passiertuch oder einen Papierfilter abseihen.

4. Den Birnenlikör in dekorative, gut verschließbare Flaschen füllen.

5. Die Früchte separat in kleine, gut verschließbare Einmachgläser füllen und beides – Likör und Früchte – bis zum Verbrauch kühl stellen.

Birnenlikör mit Honig

(ohne Abbildung)

Für einen Ansatz:

500 g vollreife süße Birnen
100 g Zucker, 200 g Waldhonig
200 g brauner Kandiszucker
300 ml Fruchtsaft, 3 Flaschen
à 750 ml Birnengeist 38 % vol

1. Die Birnen waschen, schälen, halbieren und in Schnitze oder kleine Stücke schneiden, in eine Schüssel geben, mit Zucker bestreuen und 10 Minuten ziehen lassen.

2. Den Honig mit dem Kandiszucker und dem Fruchtsaft in einen Topf geben, zum Kochen bringen und auf 250 ml einreduzieren lassen. Den Sirup vom Herd nehmen und erkalten lassen.

3. Die Birnen mit dem Sirup und dem Birnengeist in ein entsprechend großes Gefäß geben. Das Ansatzgefäß gut verschließen und das Ganze an einem kühlen, dunklen Ort mindestens sechs Wochen reifen lassen.

4. Anschließend das Ganze durch ein sauberes, feines Küchentuch passieren. Den Likör in dekorative, gut verschließbare Flaschen füllen.

5. Die Früchte separat in kleine, gut verschließbare Einmachgläser füllen und beides – Likör und Früchte – bis zum Verbrauch kühl stellen.

Litschilikör mit Mandarinen

Für einen Ansatz:

500 g frische, reife Litschis
500 g Mandarinen
2 Vanilleschoten
Saft von 2 Zitronen
500 g weißer Kandiszucker
3 Flaschen à 750 ml Obstbranntwein 38 % vol

1. Die Schale der Litschis entfernen, das Fruchtfleisch vom Kern lösen und in ein entsprechend großes Ansatzgefäß geben.

2. Die Mandarinen schälen, die weiße Innenhaut großzügig entfernen und die Mandarinen in Schnitze teilen. Die Mandarinenschnitze zu den Litschis geben.

3. Die Vanilleschoten der Länge nach halbieren und anschließend klein schneiden.

4. Den Zitronensaft mit der Vanille und dem zerstoßenen Kandiszucker zu den Früchten geben.

5. Den Obstbranntwein über die Früchte gießen. Das Ansatzgefäß gut verschließen und das Ganze an einem kühlen, dunklen Ort mindestens drei Wochen ziehen lassen.

6. Anschließend den fertigen Likör über ein sauberes, feines Passiertuch oder einen Papierfilter abseihen.

7. Den Litschilikör in dekorative, gut verschließbare Flaschen füllen.

8. Die Mandarinenfilets und das Litschifruchtfleisch separat in kleine, gut verschließbare Einmachgläser füllen und beides – Likör und Früchte – bis zum Verbrauch kühl stellen.

Jostabeerlikör

Für einen Ansatz:

1 kg Jostabeeren, 1 Vanilleschote
2–3 Zimtstangen
500 g brauner Kandiszucker
3 Flaschen à 750 ml
Weizenkorn 38 % vol

1. Die Jostabeeren verlesen, vorsichtig unter fließendem Wasser waschen und gut abtropfen lassen.

2. Die Vanilleschote längs halbieren und anschließend klein schneiden.

3. Die Jostabeeren mit der Vanille, den Zimtstangen und dem zerstoßenen Kandiszucker in ein entsprechend großes Ansatzgefäß geben.

4. Den Weizenkorn über die Früchte gießen. Das Ansatzgefäß gut verschließen und das Ganze an einem kühlen, dunklen Ort mindestens sechs Wochen reifen lassen.

5. Anschließend den fertigen Likör über ein sauberes, feines Passiertuch oder einen Papierfilter abseihen. Den Jostabeerlikör in dekorative, gut verschließbare Flaschen füllen.

6. Die Früchte separat in kleine, gut verschließbare Einmachgläser füllen und beides – Likör und Früchte – bis zum Verbrauch kühl stellen.

Grossvaters Rumtopf

(ohne Abbildung)

Für einen Ansatz:

300 g Erdbeeren, 3 Pfirsiche
je 300 g Mirabellen, Johannisbeeren, Jostabeeren und Aprikosen
500 g brauner Zucker
3 l brauner Rum 54 % vol

1. Die Erdbeeren verlesen, vorsichtig unter fließendem Wasser waschen, gut abtropfen lassen und trocken tupfen.

2. Die Pfirsiche mit heißem Wasser kurz überbrühen, enthäuten, halbieren, entkernen und in Würfel schneiden. Die Mirabellen waschen, entsteinen und trocken tupfen.

3. Die Johannisbeeren und die Jostabeeren verlesen, vorsichtig unter fließendem Wasser waschen und trocken tupfen.

4. Die Aprikosen waschen, halbieren, entsteinen und in Schnitze schneiden.

5. Die Früchte schichtweise in ein gut verschließbares Gefäß füllen und dabei jede Schicht mit braunem Zucker bestreuen.

6. Den braunen Rum angießen, das Gefäß verschließen und das Ganze an einem kühlen, dunklen Ort mindestens vier Wochen ziehen lassen.

Walnusslikör

Für einen Ansatz:

1 kg Walnüsse, 1 Vanilleschote
2–3 Zimtstangen, 1 TL Nelken
500 g weißer Kandiszucker
3 Flaschen à 750 ml
Weizenkorn 38 % vol

1. Die Walnüsse vorsichtig öffnen und die Früchte aus den Nussschalen lösen. Die Vanilleschote längs halbieren und klein schneiden.

2. Walnusshälften, Vanille, Zimtstangen, Nelken und den zerstoßenen Kandiszucker in ein entsprechend großes Ansatzgefäß geben.

3. Den Weizenkorn über die Nüsse gießen. Das Ansatzgefäß gut verschließen und das Ganze an einem kühlen, dunklen Ort mindestens sechs Wochen reifen lassen.

4. Anschließend den fertigen Likör über ein sauberes, feines Passiertuch oder einen Papierfilter abseihen.

5. Den Walnusslikör in dekorative, gut verschließbare Flaschen füllen.

6. Die Nüsse separat in kleine, gut verschließbare Einmachgläser füllen und beides – Likör und Nüsse – bis zum Verbrauch kühl stellen.

Mandellikör

(ohne Abbildung)

Für einen Ansatz:

250 g brauner Zucker
250 ml heller Traubensaft
2 Päckchen Vanillezucker
einige Tropfen Mandelaroma
1 l weißer Rum 54 % vol
200 g geschälte weiße Mandeln

1. Zucker, Traubensaft und Vanillezucker in einen Topf geben, zum Kochen bringen und bei starker Hitze auf 250 ml einreduzieren lassen.

2. Den Sirup vom Herd nehmen, erkalten lassen, mit Mandelaroma aromatisieren und den weißen Rum einrühren.

3. Die geschälten Mandeln in ein entsprechend großes Ansatzgefäß geben und die Flüssigkeit angießen.

4. Das Ansatzgefäß gut verschließen und das Ganze an einem kühlen, dunklen Ort mindestens sechs Wochen reifen lassen.

5. Anschließend den fertigen Likör über ein sauberes, feines Passiertuch oder einen Papierfilter abseihen. Den Mandellikör in dekorative, gut verschließbare Flaschen füllen.

6. Die Mandeln separat in kleine, gut verschließbare Einmachgläser füllen und beides – Likör und Mandeln – bis zum Verbrauch kühl stellen.

Likör von wilden Zwetschgen

Für einen Ansatz:

1 kg Zipper
1 Vanilleschote
2–3 Zimtstangen
500 g weißer Kandiszucker
3 Flaschen à 750 ml Weizenkorn 38 % vol

1. Die Zipper (wilde Zwetschgen) verlesen, vorsichtig unter fließendem Wasser waschen und gut abtropfen lassen.

2. Die Vanilleschote der Länge nach halbieren und anschließend klein schneiden.

3. Die Zipper mit der Vanille, den Zimtstangen und dem zerstoßenen Kandiszucker in ein entsprechend großes Ansatzgefäß geben.

4. Den Weizenkorn über die Früchte gießen. Das Ansatzgefäß gut verschließen und das Ganze an einem kühlen, dunklen Ort mindestens sechs Wochen reifen lassen.

5. Den fertigen Likör über ein sauberes, feines Passiertuch oder einen Papierfilter abseihen.

6. Den Zipperlikör in dekorative, gut verschließbare Flaschen füllen.

7. Die Früchte separat in kleine, gut verschließbare Einmachgläser füllen und beides – Likör und Früchte – bis zum Verbrauch kühl stellen.

ZWETSCHGENLIKÖR

Für einen Ansatz:

1 kg Zwetschgen
1 Vanilleschote
2–3 Zimtstangen
500 g brauner Kandiszucker
3 Flaschen à 750 ml Zwetschgenbranntwein 38 % vol

1. Die Zwetschgen waschen, gut abtropfen lassen, halbieren und entkernen. Die Vanilleschote der Länge nach halbieren und anschließend klein schneiden.

2. Die Zwetschgen mit der Vanille, den Zimtstangen und dem zerstoßenen Kandiszucker in ein entsprechend großes Ansatzgefäß geben.

3. Den Zwetschgenbranntwein über die Früchte gießen.

4. Das Ansatzgefäß gut verschließen und das Ganze an einem kühlen, dunklen Ort mindestens sechs Wochen reifen lassen.

5. Den fertigen Likör über ein sauberes, feines Passiertuch oder einen Papierfilter abseihen.

6. Den Zwetschgenlikör in dekorative, gut verschließbare Flaschen füllen.

7. Die Früchte separat in kleine, gut verschließbare Einmachgläser füllen und beides – Likör und Früchte – bis zum Verbrauch kühl stellen.

Erdbeerlikör

Für einen Ansatz:

1 kg frische vollreife Erdbeeren
1 Vanilleschote
2–3 Zimtstangen
250 ml Erdbeersirup
300 g weißer Kandiszucker
3 Flaschen à 750 ml
Weizenkorn 38 % vol

1. Die Erdbeeren verlesen, unter fließendem Wasser waschen, gut abtropfen lassen und halbieren oder vierteln.

2. Die Vanilleschote längs halbieren und anschließend klein schneiden.

3. Die Erdbeerstücke mit der Vanille, den Zimtstangen, dem Erdbeersirup und dem zerstoßenen Kandiszucker in ein entsprechend großes Ansatzgefäß geben.

4. Den Weizenkorn über die Früchte gießen. Das Ansatzgefäß gut verschließen und das Ganze an einem kühlen, dunklen Ort mindestens sechs Wochen reifen lassen.

5. Den fertigen Likör über ein sauberes, feines Passiertuch oder einen Papierfilter abseihen.

6. Den Erdbeerlikör in dekorative, gut verschließbare Flaschen füllen.

7. Die Früchte separat in kleine, gut verschließbare Einmachgläser füllen und beides – Likör und Früchte – bis zum Verbrauch kühl stellen.

Erdbeerlimes

(ohne Abbildung)

Für einen Ansatz:

500 g frische Erdbeeren
250 g Puderzucker
2 Päckchen Vanillezucker
1 TL Chilipulver, 500 ml Tequila

1. Die Erdbeeren verlesen, unter fließendem Wasser waschen, gut abtropfen lassen, halbieren oder vierteln und in eine Schüssel geben.

2. Die Erdbeeren mit Puderzucker und Vanillezucker bestäuben und 10 Minuten ziehen lassen.

3. Den Tequila angießen und das Ganze im Mixer oder mit dem Pürierstab pürieren.

4. Den Erdbeerlimes in eine dekorative Flasche füllen, diese verschließen und im Kühlschrank mindestens fünf Stunden kühl stellen.

5. Der Erdbeerlimes sollte möglichst schnell aufgebraucht werden und wird auf Eis oder mit einem Sorbet serviert.

Babyapfellikör

Für einen Ansatz:

1 kg Babyäpfelchen oder vollreife süßsäuerliche Äpfel
1 Vanilleschote
2–3 Zimtstangen
1 TL Nelken
500 g weißer Kandiszucker
3 Flaschen à 750 ml Weizenkorn 38 % vol

1. Die Äpfel unter fließendem Wasser waschen, gut abtropfen lassen, die Babyäpfel halbieren oder vierteln, die großen Äpfel schälen, halbieren, entkernen und das Fruchtfleisch in Stücke schneiden.

2. Die Vanilleschote längs halbieren und anschließend klein schneiden.

3. Die Äpfel mit der Vanille, den Zimtstangen, den Nelken und dem zerstoßenen Kandiszucker in ein entsprechend großes Ansatzgefäß geben.

4. Den Weizenkorn über die Früchte gießen. Das Ansatzgefäß gut verschließen und das Ganze an einem kühlen, dunklen Ort mindestens sechs Wochen reifen lassen.

5. Den fertigen Likör über ein sauberes, feines Passiertuch oder einen Papierfilter abseihen. Den Apfellikör in dekorative, gut verschließbare Flaschen füllen.

6. Die Früchte separat in kleine, gut verschließbare Einmachgläser füllen und beides – Likör und Früchte – bis zum Verbrauch kühl stellen.

Maracuja-Mango-Likör
(ohne Abbildung)

Für einen Ansatz:

3 Mangos, 300 ml Orangensaft
250 g Zucker
250 g Maracujas
1 l Wodka 40 % vol

1. Die Mangos dünn schälen, das Fruchtfleisch vom Kern schneiden und anschließend würfeln.

2. Das Mangofruchtfleisch mit dem Orangensaft und dem Zucker in einen Topf geben, zum Kochen bringen und bei mäßiger Hitze 10 Minuten köcheln lassen.

3. Den Ansatz vom Herd nehmen, leicht erkalten lassen, durch ein sauberes, feines Küchentuch passieren und das Fruchtfleisch dabei kräftig ausdrücken.

4. Den Saft erneut in einen Topf geben, auf 300 ml einreduzieren lassen, vom Herd nehmen und erkalten lassen.

5. Die Maracujafrüchte halbieren, das Fruchtfleisch herausschaben, mit dem

Wodka unter den Sirup rühren und alles in ein entsprechend großes Ansatzgefäß geben.

6. Das Ansatzgefäß gut verschließen und das Ganze an einem kühlen, dunklen Ort mindestens fünf bis sechs Tage reifen lassen.

7. Den fertigen Likör über ein sauberes, feines Passiertuch oder einen Papierfilter abseihen.

8. Den Likör in dekorative, gut verschließbare Flaschen füllen und bis zum Verbrauch kühl stellen.

Cranberrylikör

Für einen Ansatz:

750 g Cranberries
2 unbehandelte Limetten
2 Vanilleschoten
300 g weißer Kandiszucker
200 ml Kirschsaft
200 g Honig
3 Flaschen à 750 ml Obstbranntwein 38 % vol

1. Die Cranberries verlesen, waschen, gut abtropfen lassen und mit einem Zahnstocher mehrmals einstechen.

2. Die Limetten unter heißem Wasser abbürsten, die Schale abreiben und mit den Cranberries in ein entsprechend großes Ansatzgefäß geben.

3. Die Limetten schälen und würfeln. Die Limettenwürfel mit den längs halbierten, klein geschnittenen Vanilleschoten und dem zerstoßenen Kandiszucker zu den Cranberries geben.

4. Kirschsaft und Honig erwärmen und so lange rühren, bis sich der Honig aufgelöst hat. Vom Herd nehmen, erkalten lassen und zu den Cranberries geben.

5. Den Obstbranntwein über die Früchte gießen. Das Ansatzgefäß verschließen und das Ganze an einem kühlen, dunklen Ort mindestens drei Wochen ziehen lassen.

6. Den fertigen Likör über ein sauberes, feines Passiertuch oder einen Papierfilter abseihen. Den Cranberrylikör in dekorative, gut verschließbare Flaschen füllen.

7. Die Cranberries – ohne die Limettenstückchen – separat in kleine, gut verschließbare Einmachgläser füllen und beides – Likör und Früchte – bis zum Verbrauch kühl stellen.

Pflaumenlikör

Für einen Ansatz:

1 kg reife Pflaumen
250 ml Weißwein
3–4 Sternanis
2 Zimtstangen
5 Nelken
200 g Honig
300 g brauner Kandiszucker
3 Flaschen à 750 ml Zwetschgenwasser 38 % vol

1. Die Pflaumen waschen, halbieren, entkernen, in Schnitze schneiden und in ein entsprechend großes Ansatzgefäß geben.

2. Den Weißwein mit den Gewürzen und dem Honig in einem Topf zum Kochen bringen und kurz einreduzieren lassen.

3. Den Sirup vom Herd nehmen, vollständig erkalten lassen und mit den Pflaumen vermischen. Den zerstoßenen Kandiszucker und das Zwetschgenwasser dazugeben.

4. Das Ansatzgefäß gut verschließen und das Ganze an einem kühlen, dunklen Ort mindestens drei Wochen ziehen lassen.

5. Den fertigen Likör über ein sauberes, feines Passiertuch oder einen Papierfilter abseihen.

6. Den Pflaumenlikör in dekorative, gut verschließbare Flaschen füllen. Die Pflaumen separat in kleine, gut verschließbare Einmachgläser füllen und beides – Likör und Früchte – bis zum Verbrauch kühl stellen.

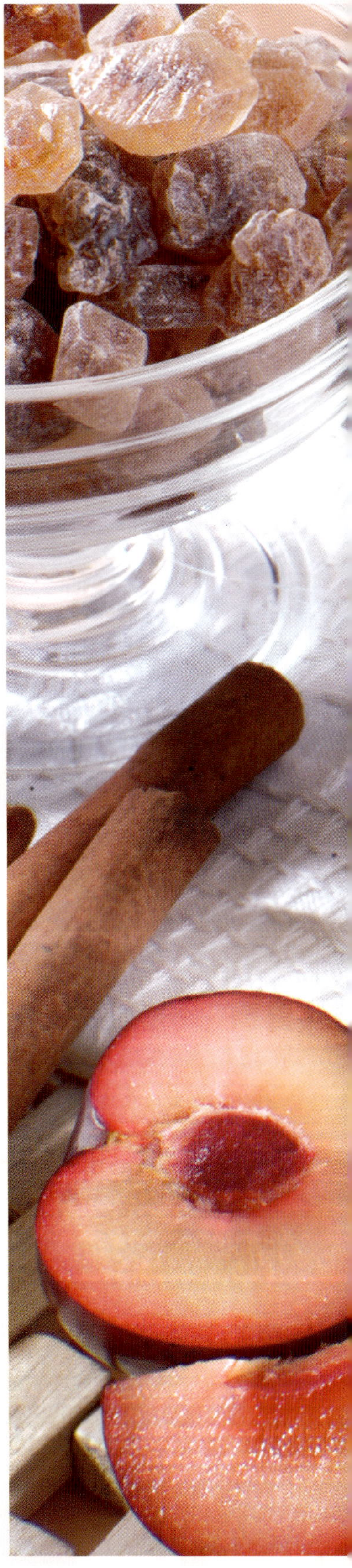

Köstliches Birnchen

Für einen Ansatz:

1 kg aromatische Birnen
250 ml Birnensaft
1 Vanilleschote
Saft von 1 Zitrone
200 g Honig
300 g weißer Kandiszucker
3 Flaschen à 750 ml Birnenbranntwein 38 % vol

1. Die Birnen waschen, schälen, vierteln, entkernen, klein schneiden und in ein entsprechend großes Ansatzgefäß geben.

2. Den Birnensaft mit der längs halbierten und klein geschnittenen Vanilleschote, dem Zitronensaft und dem Honig in einen Topf geben, zum Kochen bringen und kurz einreduzieren lassen.

3. Den Sirup vom Herd nehmen, vollständig erkalten lassen und mit den Birnen vermischen. Den zerstoßenen Kandiszucker und den Birnenbranntwein dazugeben.

4. Das Ansatzgefäß gut verschließen und das Ganze an einem kühlen, dunklen Ort mindestens drei Wochen ziehen lassen.

5. Den fertigen Likör über ein sauberes, feines Passiertuch oder einen Papierfilter abseihen.

6. Den Birnenlikör in dekorative, gut verschließbare Flaschen füllen. Die Birnen separat in kleine, gut verschließbare Einmachgläser füllen und beides – Likör und Früchte – bis zum Verbrauch kühl stellen.

Rotweinlikör mit Birnen und Vanille

Für einen Ansatz:

1 kg vollreife süße Birnen
Saft und abgeriebene Schale von 2 unbehandelte Zitronen
1 Bund Zitronenmelisse
2 Vanilleschoten
2 TL Nelken
2–3 Zimtstangen
300 g weißer Kandiszucker
250 ml trockener Rotwein
200 g Honig
3 Flaschen à 750 ml Obstbranntwein 38 % vol

1. Die Birnen waschen, schälen, halbieren, in Schnitze oder kleine Stücke schneiden und mit Zitronensaft beträufeln.

2. Die abgeriebene Zitronenschale mit der verlesenen, gewaschenen und zerpflückten Zitronenmelisse und den Birnenstücken in ein entsprechend großes Ansatzgefäß geben.

3. Die Vanilleschoten der Länge nach halbieren und anschließend klein schneiden.

4. Die Vanillestücke mit den Nelken, den Zimtstangen und dem zerstoßenen Kandiszucker zu den Birnenstücken geben.

5. Den Rotwein mit dem Honig erhitzen und so lange rühren, bis sich der Honig aufgelöst hat. Den Sirup vom Herd nehmen, erkalten lassen und zu den Birnen geben.

6. Den Obstbranntwein über die Früchte gießen. Das Ansatzgefäß gut verschließen und das Ganze an einem kühlen, dunklen Ort mindestens sechs Wochen ziehen lassen.

7. Anschließend den fertigen Likör über ein sauberes, feines Passiertuch oder einen Papierfilter abseihen.

8. Den Birnenlikör in dekorative, gut verschließbare Flaschen füllen. Die Früchte separat in kleine, gut verschließbare Einmachgläser füllen und beides – Likör und Früchte – bis zum Verbrauch kühl stellen.

9. Zum Servieren die Früchte in dekorative Gläser geben und mit dem Birnenlikör auffüllen. Nach Geschmack mit einigen frischen Nelken bestreuen.

Ananaslikör

Für einen Ansatz:

1 frische vollreife Ananas
1 Vanilleschote
2–3 Zimtstangen
100 g Honig
500 g weißer Kandiszucker
3 Flaschen à 750 ml
Weizenkorn 38 % vol

1. Die Ananas großzügig schälen und die „Augen“ aus dem Fruchtfleisch herausschneiden.

2. Die Ananas halbieren, den Strunk entfernen und das Fruchtfleisch in Stücke schneiden. Die Vanilleschote längs halbieren und anschließend klein schneiden.

3. Die Ananasstücke mit der Vanille, den Zimtstangen, dem Honig und dem zerstoßenen Kandiszucker in ein entsprechend großes Ansatzgefäß geben.

4. Den Weizenkorn über die Früchte gießen. Das Ansatzgefäß gut verschließen und das Ganze an einem kühlen, dunklen Ort mindestens sechs Wochen reifen lassen.

5. Den fertigen Likör über ein sauberes, feines Passiertuch oder einen Papierfilter abseihen. Den Ananaslikör in dekorative, gut verschließbare Flaschen füllen.

6. Die Früchte seperat in kleine, gut verschließbare Einmachgläser füllen und beides – Likör und Früchte – bis zum Verbrauch kühl stellen.

Waldbeerenlikör

(ohne Abbildung)

Für einen Ansatz:

500 g gemischte Beeren (Brombeeren, Himbeeren, Erdbeeren und Heidelbeeren)
100 g Zucker
200 g Waldhonig
200 g brauner Kandiszucker
300 ml Fruchtsaft
3 Flaschen à 750 ml Himbeergeist 38 % vol

1. Die Beeren verlesen, waschen, gut abtropfen lassen, in eine Schüssel geben, mit Zucker bestreuen, mit einer Gabel zerdrücken und 10 Minuten ziehen lassen.

2. Den Honig mit dem Kandiszucker und dem Fruchtsaft in einen Topf geben, zum Kochen bringen und auf 250 ml einreduzieren lassen. Den Sirup vom Herd nehmen und erkalten lassen.

3. Die Beeren mit dem Sirup und dem Himbeergeist in ein entsprechend großes Gefäß geben.

4. Das Ansatzgefäß gut verschließen und das Ganze an einem kühlen, dunklen Ort mindestens sechs Wochen reifen lassen.

5. Den fertigen Likör durch ein sauberes, feines Küchentuch passieren und die Beeren dabei kräftig ausdrücken.

6. Den Likör in dekorative, gut verschließbare Flaschen füllen und bis zum Verbrauch kühl stellen.

MELONENLIKÖR

Für einen Ansatz:

1 frische vollreife Melone
1 Vanilleschote
100 g Honig
500 g weißer Kandiszucker
3 Flaschen à 750 ml Weizenkorn 38 % vol
frische Melonenstücke und eingelegte Jostabeeren zum Servieren

1. Die Melone halbieren und das Kerngehäuse mit einem Löffel herausschaben.

2. Die Melone in dünne Schnitze schneiden, die Schale entfernen und das Fruchtfleisch in Stücke schneiden.

3. Die Vanilleschote der Länge nach halbieren und anschließend klein schneiden.

4. Die Melonenstücke mit der Vanille, dem Honig und dem zerstoßenen Kandiszucker in ein entsprechend großes Ansatzgefäß geben.

5. Den Weizenkorn über die Früchte gießen.

6. Das Ansatzgefäß gut verschließen und das Ganze an einem kühlen, dunklen Ort mindestens sechs Wochen reifen lassen.

7. Den fertigen Likör über ein sauberes, feines Passiertuch oder einen Papierfilter abseihen.

8. Den Melonenlikör in dekorative, gut verschließbare Flaschen füllen und bis zum Verbrauch kühl stellen.

9. Zum Servieren den Likör in Gläser füllen und mit frischen Melonenstücken und Jostabeeren garnieren.

Limquatlikör

Für einen Ansatz:

1 kg Limquats
2 Vanilleschoten
2–3 Zimtstangen
200 g Honig
500 g weißer Kandiszucker
3 Flaschen à 750 ml
Weizenkorn 38 % vol

1. Die Limquats unter fließendem heißem Wasser abbürsten und die Früchte in Scheiben oder Stücke schneiden. Die Vanilleschoten längs halbieren und anschließend klein schneiden.

2. Die Limquatstücke mit der Vanille, den Zimtstangen, dem Honig und dem zerstoßenen Kandiszucker in ein entsprechend großes Ansatzgefäß geben.

3. Den Weizenkorn über die Früchte gießen. Das Ansatzgefäß gut verschließen und das Ganze an einem kühlen, dunklen Ort mindestens sechs Wochen reifen lassen.

4. Den fertigen Likör über ein sauberes, feines Passiertuch oder einen Papierfilter abseihen. Den Limquatlikör in dekorative, gut verschließbare Flaschen füllen.

5. Die Früchte separat in kleine, gut verschließbare Einmachgläser füllen und beides – Likör und Früchte – bis zum Verbrauch kühl stellen.

Pfirsich-Kokos-Likör

(ohne Abbildung)

Für einen Ansatz:

2–3 Pfirsiche, 2 Limetten
1 Dose Kokosmilch (400 ml)
250 g Zucker
1 l Obstbranntwein 38 % vol

1. Die Pfirsiche waschen, trocken tupfen, halbieren, entsteinen und in Würfel schneiden.

2. Die Limetten unter heißem Wasser waschen, die Schalen dünn abschneiden und die Limetten auspressen.

3. Die Pfirsichwürfel mit dem Limettensaft und den Limettenschalen in ein entsprechend großes Ansatzgefäß geben.

4. Die Kokosmilch mit dem Zucker aufkochen, abkühlen lassen und mit dem Obstbranntwein zu den Pfirsichwürfeln geben.

5. Das Ansatzgefäß gut verschließen und das Ganze an einem kühlen, dunklen Ort mindestens vier Wochen reifen lassen.

6. Den fertigen Likör über ein sauberes, feines Passiertuch oder einen Papierfilter abseihen.

7. Den PfirsichKokos-Likör in dekorative, gut verschließbare Flaschen füllen und bis zum Verbrauch kühl stellen.

Zitronenlikör

Für einen Ansatz:

1 kg unbehandelte Zitronen
2 Vanilleschoten
200 g Honig
500 g weißer Kandiszucker
3 Flaschen à 750 ml Weizenkorn 38 % vol

1. Die Zitronen unter fließendem heißem Wasser abbürsten und die Früchte mit der Schale in Scheiben oder Stücke schneiden.

2. Die Vanilleschoten der länge nach halbieren und anschließend klein schneiden.

3. Die Zitronenstücke mit der Vanille, dem Honig und dem zerstoßenen Kandiszucker in ein entsprechend großes Ansatzgefäß geben.

4. Den Weizenkorn über die Früchte gießen.

5. Das Ansatzgefäß gut verschließen und das Ganze an einem kühlen, dunklen Ort mindestens sechs Wochen reifen lassen.

6. Den fertigen Likör über ein sauberes, feines Passiertuch oder einen Papierfilter abseihen.

7. Den Zitronenlikör in dekorative, gut verschließbare Flaschen füllen.

8. Die Früchte separat in kleine, gut verschließbare Einmachgläser füllen und beides – Likör und Früchte – bis zum Verbrauch kühl stellen.

Heidelbeerlikör

Für einen Ansatz:

1 kg Heidelbeeren
2 Vanilleschoten
2–3 Zimtstangen
125 ml Weißwein
200 g Honig
300 g brauner Kandiszucker
3 Flaschen à 750 ml Weinbrand 38 % vol

1. Die Heidelbeeren verlesen, vorsichtig unter fließendem Wasser waschen, gut abtropfen lassen und in ein entsprechend großes Ansatzgefäß geben.

2. Die Vanilleschoten der länge nach halbieren und anschließend klein schneiden.

3. Die Vanille mit den Zimtstangen, dem Weißwein und dem Honig erwärmen und so lange rühren, bis sich der Honig aufgelöst hat.

4. Den Sirup vom Herd nehmen, erkalten lassen und mit dem zerstoßenen Kandiszucker zu den Früchten geben.

5. Den Weinbrand über die Früchte gießen. Das Ansatzgefäß gut verschließen und das Ganze an einem kühlen, dunklen Ort mindestens vier Wochen ziehen lassen.

6. Den fertigen Likör über ein sauberes, feines Passiertuch oder einen Papierfilter abseihen.

7. Den Heidelbeerlikör in dekorative, gut verschließbare Flaschen füllen.

8. Die Früchte separat in kleine, gut verschließbare Einmachgläser füllen und beides – Likör und Früchte – bis zum Verbrauch kühl stellen.

GROSSVATERS EIERLIKÖR

Für einen Ansatz:

6 Eigelb
200 ml süße Sahne
250 g Puderzucker
2 Päckchen Vanillezucker
600 ml Weizen-Doppelkorn 38 % vol

1. Die Eigelbe mit der Sahne, dem gesiebten Puder- und dem Vanillezucker in eine feuerfeste Schüssel geben und mit dem Schneebesen verschlagen.

2. Die Schüssel in ein heißes Wasserbad stellen und den Eischaum mit dem Schneebesen zu einer Creme aufschlagen.

3. Die Eicreme vom Herd nehmen, die Schüssel in Eiswasser stellen und die Eicreme kalt schlagen.

4. Den Doppelkorn mit dem Schneebesen unterrühren und den Eierlikör in dekorative, gut verschließbare Flaschen füllen.

5. Den Eierlikör im Kühlschrank aufbewahren und möglichst bald aufbrauchen.

Tipp:
Versuchen Sie für die Zubereitung von unserem Eierlikör auch einmal Weinbrand oder weißen Rum zu verwenden. Sie werden es erschmecken, auch diese Variationen sind köstlich. Wer etwas ganz Besonderes möchte, der kann seinen Eierlikör auch mit Orangen- oder Marillenbranntwein auffüllen.

Apfellikör mit weissem Rum

Für einen Ansatz:

1 kg säuerliche grüne Äpfel
Saft von 2 Limetten
250 g Zucker
2 Vanilleschoten
4 Sternanis
1 EL Nelken
4 Zimtstangen
250 g weißer Kandiszucker
250 ml Apfelsaft
2 l weißer Rum 54 % vol
Apfelschnitze und zerstoßener brauner Kandiszucker

1. Die Äpfel waschen, mit einem Kernausstecher das Kerngehäuse ausstechen und die Äpfel in Stücke schneiden.

2. Die Apfelstücke mit Limettensaft beträufeln, den Zucker darüberstreuen und alles in ein entsprechend großes Ansatzgefäß geben.

3. Die Vanilleschoten halbieren und anschließend klein schneiden.

4. Die Vanille mit dem Sternanis, den Nelken, den Zimtstangen, dem zerstoßenen weißen Kandiszucker und dem Apfelsaft in einem Topf erwärmen und so lange rühren, bis sich der Kandiszucker aufgelöst hat.

5. Den Sirup vom Herd nehmen, erkalten lassen und zu den Früchten geben.

6. Den Rum über die Früchte gießen. Das Ansatzgefäß gut verschließen und das Ganze an einem kühlen, dunklen Ort mindestens vier Wochen ziehen lassen.

7. Den fertigen Likör über ein sauberes, feines Passiertuch oder einen Papierfilter abseihen. Den Apfellikör in dekorative, gut verschließbare Flaschen füllen und bis zum Verbrauch kühl stellen.

8. Zum Servieren den Apfellikör in dekorative Gläser geben, je einen Apfelschnitz und etwas zerstoßenen braunen Kandiszucker hinzufügen.

Grossvaters Sahnelikör

Für einen Ansatz:

300 g Sahnetoffees
100 ml Milch
200 ml süße Sahne
2 Päckchen Vanillezucker
2 EL geriebene Orangenschale
2 EL geriebene Zitronenschale
600 ml weißer Rum 54 % vol

1. Die Sahnetoffees mit der Milch, der Sahne und dem Vanillezucker in einen Topf geben und unter ständigem Rühren zum Kochen bringen.

2. Das Ganze bei mäßiger Hitze und unter ständigem Rühren so lange köcheln lassen, bis sich die Bonbons vollständig aufgelöst haben.

3. Den Ansatz vom Herd nehmen und vollständig erkalten lassen.

4. Anschließend die geriebenen Orangen- und Zitronenschalen und den weißen Rum einrühren und alles in ein Ansatzgefäß füllen.

5. Das Ansatzgefäß gut verschließen und das Ganze an einem kühlen, dunklen Ort mindestens eine Woche reifen lassen.

6. Den fertigen Likör über ein sauberes, feines Sieb abseihen. Den Sahnelikör in dekorative, gut verschließbare Flaschen füllen und bis zum Verbrauch kühl stellen.

7. Der Sahnelikör sollte möglichst schnell aufgebraucht werden.

Whiskey-Sahne-Likör

(ohne Abbildung)

Für einen Ansatz:

250 g brauner Zucker, 400 ml Sahne
600 ml Whiskey 46 % vol

1. Den braunen Zucker mit der Sahne in einen Topf geben und unter ständigem Rühren zum Kochen bringen. Unter ständigem Rühren weitere fünf bis sechs Minuten köcheln lassen. Den Ansatz vom Herd nehmen und erkalten lassen.

2. Den Whiskey einrühren, den Whiskey-Sahne-Likör in ein Ansatzgefäß geben, gut verschließen und das Ganze an einem kühlen, dunklen Ort mindestens eine Woche reifen lassen.

3. Den fertigen Likör über ein sauberes, feines Sieb abseihen. Den Whiskey-Sahne-Likör in dekorative, gut verschließbare Flaschen füllen und bis zum Verbrauch kühl stellen.

4. Der Whiskey-Sahne-Likör sollte möglichst schnell aufgebraucht werden.

Ingwerlikör

Für einen Ansatz:

200 g frischer Ingwer
2 Vanilleschoten
4 Zimtstangen
2 EL Kardamomkörner
2 EL Anis
½ Bund Rosmarin
500 g brauner Kandiszucker
3 Flaschen à 750 ml Obstbranntwein 38 % vol

1. Den Ingwer schälen und in feine Scheiben schneiden. Die Vanilleschoten der Länge nach halbieren und klein schneiden.

2. Ingwer und Vanille mit den Zimtstangen, den Kardamomkörnern, dem Anis und dem verlesenen, gewaschenen und zerpflückten Rosmarin in ein entsprechend großes Ansatzgefäß geben.

3. Den zerstoßenen Kandiszucker hinzufügen und mit dem Obstbranntwein auffüllen.

4. Das Ansatzgefäß gut verschließen und das Ganze an einem kühlen, dunklen Ort mindestens fünf Wochen ziehen lassen.

5. Den fertigen Likör über ein sauberes, feines Passiertuch oder einen Papierfilter abseihen.

6. Den Ingwerlikör in dekorative, gut verschließbare Flaschen füllen.

7. Die Ingwerscheiben separat in kleine, gut verschließbare Einmachgläser füllen und beides – Likör und Früchte – bis zum Verbrauch kühl stellen.

Kaffeelikör

Für einen Ansatz:

300 ml starker Kaffee,
Espresso oder Mokka
150 g brauner Zucker
100 g Waldhonig
600 ml Weinbrand 38 % vol

1. Den noch heißen Kaffee mit dem braunen Zucker und dem Waldhonig in eine Schüssel geben.

2. Das Ganze so lange rühren, bis sich der Zucker und der Honig vollständig aufgelöst haben.

3. Den Kaffee erkalten lassen, den Weinbrand einrühren und die Flüssigkeit in ein Ansatzgefäß füllen.

4. Das Ansatzgefäß gut verschließen und das Ganze an einem kühlen, dunklen Ort mindestens eine Woche reifen lassen.

5. Den fertigen Likör über ein sauberes, feines Passiertuch oder Papierfilter abseihen. Den Kaffeelikör in dekorative, gut verschließbare Flaschen füllen und bis zum Verbrauch kühl stellen.

6. Der Kaffeelikör sollte möglichst schnell aufgebraucht werden.

Cappuccinolikör

(ohne Abbildung)

Für einen Ansatz:

100 g ungesüßtes Cappuccinopulver
200 g brauner Würfelzucker
2 Päckchen Vanillezucker
300 ml süße Sahne
200 ml Milch
600 ml weißer Rum 54 % vol

1. Das Cappuccinopulver mit dem Würfelzucker, dem Vanillezucker, der Sahne und der Milch in einen Topf geben.

2. Das Ganze zum Kochen bringen und unter ständigem Rühren auf 500 ml einreduzieren lassen.

3. Das Ganze vom Herd nehmen und unter ständigem Rühren erkalten lassen.

4. Den weißen Rum einrühren und die Flüssigkeit in ein Ansatzgefäß füllen.

5. Das Ansatzgefäß gut verschließen und das Ganze an einem kühlen, dunklen Ort mindestens eine Woche reifen lassen.

6. Den fertigen Likör über ein feines Sieb abseihen. Den Cappuccinolikör in dekorative, gut verschließbare Flaschen füllen und bis zum Verbrauch kühl stellen. Dieser Likör sollte möglichst schnell aufgebraucht werden.

eaTea
Coffee
Black

Grossvaters Magenbitter

Für einen Ansatz:

¼ Bund Rosmarin
¼ Bund Thymian
¼ Bund Wermutkraut
¼ Bund Pfefferminze
2 EL Nelken
5 Lorbeerblätter
2 EL Wacholderbeeren
2 EL Fenchelsamen
2 EL Kümmel
5 Sternanis
2 EL Koriander
500 g brauner Kandiszucker
3 Flaschen à 750 ml Weizen-Doppelkorn 38 % vol

1. Die Kräuter verlesen, waschen, zerpflücken und abtropfen lassen.

2. Die Gewürze vermischen und im Mörser oder mit dem Messerrücken grob zerkleinern.

3. Die Kräuter mit den Gewürzen und dem zerstoßenen Kandiszucker in ein entsprechend großes Ansatzgefäß geben.

4. Den Weizen-Doppelkorn angießen. Das Ansatzgefäß gut verschließen und das Ganze an einem kühlen, dunklen Ort mindestens sechs Wochen reifen lassen.

5. Anschließend den fertigen Likör über ein sauberes, feines Passiertuch oder einen Papierfilter abseihen.

6. Den Magenbitter in dekorative, gut verschließbare Flaschen füllen und bis zum Verbrauch kühl stellen.

Murnauer Kräuterlikör

Für einen Ansatz:

je ½ Bund Wermut, Kamilleblüten, Melisse und Pfefferminze
2 Zimtstangen
1 EL Kardamom
1 EL Koriander
1 EL Fenchelsamen
1–2 Sternanis
4–5 Gewürznelken
1 Prise Muskatblüte
300 g brauner Kandiszucker
300 ml Johannisbeersaft
1 l Obstbranntwein 38 % vol

1. Die Kräuter verlesen, waschen, zerpflücken und abtropfen lassen. Mit den Gewürzen und dem Zucker in einen Topf geben.

2. Den Johannisbeersaft angießen, das Ganze zum Kochen bringen und bei starker Hitze und unter ständigem Rühren auf 250 ml Flüssigkeit einreduzieren lassen.

3. Den Sirup vom Herd nehmen und vollständig erkalten lassen.

4. Den Obstbranntwein mit dem Sirup gut verrühren und in ein entsprechend großes Ansatzgefäß geben.

5. Das Ansatzgefäß gut verschließen und das Ganze an einem kühlen, dunklen Ort mindestens sechs Wochen reifen lassen.

6. Anschließend den fertigen Likör über ein sauberes, feines Passiertuch oder einen Papierfilter abseihen.

7. Den Kräuterlikör in dekorative, gut verschließbare Flaschen füllen und bis zum Verbrauch kühl stellen.

Gewürzlikör

Für einen Ansatz:

je ½ Bund Rosmarin,
Thymian und Salbei
2 EL Nelken
5 Lorbeerblätter
2 EL Wacholderbeeren
2 EL Pfefferkörner
2 EL Kümmel, 5 Sternanis
2 EL Kardamom
4 Zimtstangen
500 g brauner Kandiszucker
3 Flaschen à 750 ml Obstbranntwein 38 % vol

1. Die Kräuter verlesen, waschen, zerpflücken und abtropfen lassen.

2. Die Gewürze vermischen und im Mörser oder mit dem Messerrücken grob zerkleinern.

3. Die Kräuter mit den Gewürzen und dem zerstoßenen Kandiszucker in ein entsprechend großes Ansatzgefäß geben.

4. Den Obstbranntwein hinzufügen. Das Ansatzgefäß gut verschließen und das Ganze an einem kühlen, dunklen Ort mindestens sechs Wochen reifen lassen.

5. Anschließend den fertigen Likör über ein sauberes, feines Passiertuch oder einen Papierfilter abseihen.

6. Den Gewürzlikör in dekorative, gut verschließbare Flaschen füllen und bis zum Verbrauch kühl stellen.

Apfel-Zimt-Schnaps

(ohne Abbildung)

Für einen Ansatz:

1 l Apfelsaft
2 Vanilleschoten
5 Zimtstangen
1 TL Nelken
5 Sternanis
500 g weißer Kandiszucker
3 Flaschen à 750 ml Obstbranntwein 38 % vol

1. Den Apfelsaft in einen Topf geben und zum Kochen bringen.

2. Die Vanilleschoten längs halbieren und anschließend klein schneiden.

3. Die Vanilleschoten mit den Zimtstangen, den Nelken, dem Sternanis und dem zerstoßenen Kandiszucker in den Apfelsaft geben und bei starker Hitze auf die Hälfte einreduzieren lassen.

4. Den Sirup vom Herd nehmen, vollständig erkalten lassen und in

ein entsprechend großes Ansatzgefäß geben.

5. Den Obstbranntwein angießen. Das Ansatzgefäß gut verschließen und das Ganze an einem kühlen, dunklen Ort mindestens sechs Wochen reifen lassen.

6. Den fertigen Likör über ein sauberes, feines Passiertuch oder einen Papierfilter abseihen. Den Apfel-Zimt-Schnaps in dekorative, gut verschließbare Flaschen füllen und bis zum Verbrauch kühl stellen.

Ingwerschnaps mit Kardamom

Für einen Ansatz:

1 Stück frischer Ingwer
1 l Obstbranntwein 38 % vol
1 Zimtstange
3 EL Kardamomkörner
1 Zweig Rosmarin
1 Vanilleschote
einige duftende Rosenblütenblätter
50 g brauner Kandiszucker

1. Den Ingwer schälen und in Würfel schneiden. Mit dem Obstbranntwein in ein entsprechend großes Ansatzgefäß geben.

2. Die Zimtstange, die Kardamomkörner, den Rosmarinzweig, die längs aufgeschnittene Vanilleschote und die verlesenen Rosenblütenblätter dazugeben.

3. Den Kandiszucker hinzufügen, das Ansatzgefäß gut verschließen und den Ingwerschnaps an einem warmen Ort 3–4 Wochen ziehen lassen, dabei öfter umrühren.

4. Anschließend den Ansatz durch ein feines Sieb filtern und in eine dekorative, gut verschließbare Flasche füllen.

5. Zum Servieren jeweils einen frischen Rosmarinzweig mit einigen frischen Rosenblütenblättern in ein Glas geben und mit dem Ingwerschnaps auffüllen.

Chilischnaps

(ohne Abbildung)

Für einen Ansatz:

3 rote Chilischoten
3 grüne Chilischoten
500 ml Wodka 40 % vol

1. Die Chilischoten halbieren, entkernen, waschen, trocken tupfen und in eine gut verschließbare Flasche füllen.

2. Den Wodka angießen und das Ganze sechs Wochen kühl und dunkel ziehen lassen.

3. Den Chilischnaps bis zum Verbrauch kühl aufbewahren.

4. Zum Servieren jeweils eine frische Chilischote in ein Glas geben und mit dem Chilischnaps auffüllen.

Rosenlikör

Für einen Ansatz:

100 g duftende Rosenblütenblätter
500 ml Weizen-Doppelkorn 38 % vol
200 ml stilles Mineralwasser
200 g Zucker
frische Rosenblütenblätter zum Servieren

1. Die Rosenblütenblätter gründlich verlesen und möglichst nicht waschen.

2. Die Rosenblütenblätter mit dem Weizen-Doppelkorn in ein gut verschließbares Glas füllen und zwei Wochen kühl und dunkel stehen lassen.

3. Anschließend den Ansatz durch ein feines Sieb filtern und die Flüssigkeit wieder in das Glas geben.

4. Das stille Mineralwasser mit dem Zucker in einem Topf aufkochen, wieder abkühlen lassen und unter den Ansatz rühren.

5. Den Rosenlikör in eine dekorative, gut verschließbare Flasche füllen, bis zum Verbrauch kühl aufbewahren und mit einigen frischen Rosenblütenblättern servieren.

Apfelschnaps mit Mandeln und Honig

Für einen Ansatz:

500 g aromatische Äpfel
Saft von 2 Zitronen
250 ml Obstbranntwein 38 % vol
250 ml Apfelsaft

Außerdem:
1 Vanilleschote
Saft von 1 Zitrone
100 g Honig
100 g ungeschälte Mandeln
1 l Obstbranntwein 38 % vol

1. Die Äpfel waschen, das Kerngehäuse mit einem Ausstecher herausstechen und die Äpfel in Würfel schneiden. Die Äpfel mit Zitronensaft beträufeln und in ein gut verschließbares Glas füllen.

2. Den Obstbranntwein und den Apfelsaft angießen, das Glas verschließen und das Ganze eine Woche im Kühlschrank ziehen lassen.

3. Den Ansatz durch ein feines Sieb filtern und in ein entsprechend großes Ansatzgefäß geben.

4. Die längs aufgeschnittene Vanilleschote, den Zitronensaft, den Honig und die Mandeln dazugeben und alles gut verrühren.

5. Zum Schluss den Obstbranntwein einrühren. Das Ansatzgefäß gut verschließen und das Ganze an einem kühlen, dunklen Ort mindestens sechs Wochen reifen lassen.

6. Den fertigen Likör über ein sauberes, feines Passiertuch oder einen Papierfilter abseihen. Den Likör in dekorative, gut verschließbare Flaschen füllen und bis zum Verbrauch kühl stellen.

7. Zum Servieren einige frische Apfelstückchen und die Mandeln in ein Glas geben und mit dem Apfelschnaps auffüllen.

Margeritenlikör

Für einen Ansatz:

200 g frisch gepflückte, duftende Margeritenblüten
500 ml kochendes Wasser
100–150 g Zucker
250 ml Weingeist 96 %
500 ml Cognac oder Weinbrand 38 %
frische Margeritenbüten zum Garnieren

1. Die Margeriten entstielen, in ein Porzellangefäß legen und mit so viel kochendem Wasser übergießen, dass die Blüten knapp bedeckt sind. Zugedeckt etwa 12 Stunden ziehen lassen.

2. Das Margeritenwasser durch ein Sieb filtern, in einen Topf geben und den Zucker unterrühren. Zum Kochen bringen und bis kurz vor den Siedepunkt erhitzen.

3. Den Topf vom Herd nehmen und erkalten lassen. Den Weingeist und den Cognac oder Weinbrand unterrühren.

4. Den Margeritenlikör in gut verschließbare Flaschen füllen und vor dem Verbrauch etwa vier Wochen kühl aufbewahren.

5. Zum Servieren einige frische Margeritenblüten in ein Glas geben und mit dem Margeritenlikör auffüllen.

Basilikumschnaps

(ohne Abbildung)

Für einen Ansatz:

5–6 Stängel frisches Zitronengras
15–20 frische Basilikumblätter
1 EL brauner Kandiszucker
500 ml Weizen-Doppelkorn 38 % vol

1. Das Zitronengras waschen und klein schneiden.

2. Die Basilikumblätter verlesen, waschen, trocken tupfen und mit dem Zitronengras in ein gut verschließbares Glas füllen.

3. Den braunen Kandiszucker und den Doppelkorn dazugeben und das Ganze drei bis vier Wochen kühl und dunkel stehen lassen.

4. Anschließend den Basilikumschnaps durch ein feines Sieb filtern, in eine dekorative, gut verschließbare Flasche füllen und bis zum Verbrauch kühl aufbewahren.

Pfefferminz-schnaps

Für einen Ansatz:

250 g frische Pfefferminze
2–3 Muskatblüten
8–10 Gewürznelken
1 unbehandelte Zitrone
1 unbehandelte Orange
750 ml Gin 47 % vol
250 ml Wasser
150 g Zucker

1. Die Pfefferminze verlesen, waschen, trocken tupfen, mit den Muskatblüten und den Gewürznelken in ein gut verschließbares Glas füllen.

2. Die Zitrone und die Orange unter heißem Wasser abbürsten, dünn schälen und die Schalen zur Pfefferminze geben.

3. Anschließend die Früchte auspressen und den Saft ebenfalls hinzufügen.

4. Den Gin angießen, das Ganze verrühren und zugedeckt an einem dunklen Ort zwei bis drei Wochen ziehen lassen.

5. Anschließend den Pfefferminzansatz über ein sauberes, feines Passiertuch oder einen Papierfilter abseihen.

6. Das Wasser mit dem Zucker in einem Topf so lange kochen, bis sich der Zucker aufgelöst hat. Dann den Zuckersirup mit einem Löffel abschäumen und vollständig auskühlen lassen.

7. Den Zuckersirup mit dem Pfefferminzansatz verrühren. Den Pfefferminzschnaps in dekorative Flaschen füllen und bis zum Verbrauch gut verschlossen und kühl aufbewahren.

Schlehen-Lavendel-Likör

Für einen Ansatz:

30 g Lavendelblüten
500 ml Weinbrand 38 % vol
200 ml stilles Mineralwasser
100 g Zucker
200 ml Schlehenlikör

1. Die Lavendelblüten verlesen und mit dem Weinbrand in ein gut verschließbares Glas füllen.

2. Den Ansatz kühl und dunkel mindestens eine Woche stehen lassen. Anschließend über ein sauberes, feines Passiertuch oder einen Papierfilter abseihen.

3. Das Mineralwasser mit dem Zucker in einem Topf so lange kochen, bis sich der Zucker aufgelöst hat.

4. Dann den Zuckersirup mit einem Löffel abschäumen, auskühlen lassen und mit dem Schlehenlikör unter den Lavendelansatz rühren.

5. Den Schlehen-Lavendel-Likör in dekorative, gut verschließbare Flaschen füllen und bis zum Verbrauch kühl aufbewahren.

Tipp:
Die Heilwirkung des Lavendels ist vielseitig. Er beruhigt und löst Krämpfe, wirkt bei Migräne und Kopfschmerzen. Er hilft gegen Appetitlosigkeit, Blähungen und Monatsbeschwerden. Schlaflosigkeit, Krämpfe und Gliederschmerzen werden durch die Einnahme von Lavendeltee oder Lavendelwein gelindert. Ein Lavendelabsud im Badewasser belebt und regt den Kreislauf an.

Feiner Schlehenlikör

Für einen Ansatz:

500 g Schlehen
1 l Weizen-Doppelkorn 38 % vol
500 ml Wasser
750 g Zucker

1. Die Schlehen nach dem ersten Frost ernten, verlesen, waschen und trocken reiben.

2. Das Fruchtfleisch von den Kernen lösen und in ein großes, gut verschließbares Gefäß geben.

3. Ein Drittel der Kerne aufschlagen und zu den Schlehen geben.

4. Den Weizen-Doppelkorn darübergießen und das Ganze an einem warmen Ort acht bis zehn Tage ziehen lassen, dabei öfter schütteln.

5. Das Wasser mit dem Zucker in einem Topf so lange kochen, bis sich der Zucker aufgelöst hat. Dann den Zuckersirup mit einem Löffel abschäumen und vollständig auskühlen lassen.

6. Den Schlehenansatz durch ein sauberes, feines Tuch filtern und mit dem Zuckerwasser vermischen.

7. Den Schlehenlikör in dekorative, gut verschließbare Flaschen füllen und bis zum Verbrauch fünf bis sechs Wochen kühl und dunkel aufbewahren.

Hagebuttenschnaps

(ohne Abbildung)

Für einen Ansatz:

500 g Hagebutten
250 ml Obstbranntwein 38 % vol
100 ml Portwein, 100 g Zucker

1. Die Hagebutten verlesen, halbieren, entkernen und mit dem Obstbranntwein im Mixer oder mit dem Pürierstab pürieren.

2. Das Püree in ein gut verschließbares Glas füllen und zwei bis drei Wochen ziehen lassen, dabei öfter durchschütteln.

3. Den Ansatz über ein sauberes, feines Passiertuch oder einen Papierfilter abseihen.

4. Den Portwein mit dem Zucker in einem Topf so lange kochen, bis sich der Zucker aufgelöst hat. Dann den Portweinsirup mit einem Löffel abschäumen und vollständig auskühlen lassen.

5. Den Portweinsirup zum Hagebuttenansatz geben und ebenfalls filtern. Das Hagebuttenpüree kräftig

ausdrücken, damit die ganze Flüssigkeit herausgepresst wird.

6. Den Hagebuttenschnaps in eine Flasche füllen, drei bis vier Wochen ziehen lassen und erneut durch ein Sieb filtern. Dann den Hagebuttenschnaps in eine dekorative Flasche füllen, gut verschließen und bis zum Verbrauch kühl aufbewahren.

Klosterlikör

Für einen Ansatz:

750 ml weißer Rum 54 % vol
150 g Honig
1 Zimtstange
1 TL Kardamom
4–5 Gewürznelken
1 Prise Muskatblüte
1 Zweig Wermut
1 Zweig Zitronenmelisse
1 Zweig Orangenminze
2 EL Kamillenblüten

1. Den Rum in ein gut verschließbares Glas füllen, den Honig dazugeben und verrühren.

2. Die Zimtstange, den Kardamom, die Gewürznelken und die Muskatblüte im Mörser grob zerstoßen und zum Rum geben.

3. Den Ansatz ein bis zwei Wochen an einem warmen, dunklen Ort durchziehen lassen.

4. Anschließend den fertigen Likör über ein sauberes, feines Passiertuch oder einen Papierfilter abseihen.

5. Die Kräuter verlesen, waschen, gut abtropfen lassen und mit den Kamillenblüten zum Gewürzansatz geben.

6. Das Ansatzgefäß verschließen und den Likör an einem dunklen Ort noch ein bis zwei Wochen ziehen lassen.

7. Den Klosterlikör nochmals durch ein sauberes, feines Passiertuch oder einen Papierfilter abseihen, in eine dekorative gut verschließbare Flasche füllen und bis zum Verbrauch kühl aufbewahren.

Rosmarinelixier

(ohne Abbildung)

Für einen Ansatz:

750 ml Gin 47 % vol
75 g weißer Kandiszucker
3 Zweige frischer Rosmarin
1 Zweig Majoran, 1 TL Anissamen
1 Prise Muskat
3 Zitronenscheiben

1. Den Gin in ein entsprechend großes Ansatzgefäß geben. Den Kandiszucker zerstoßen, dazugeben und auflösen lassen.

2. Den Rosmarin und den Majoran waschen, gut abtrocknen, die Stängel entfernen und die Blätter in den Gin geben.

3. Den Anis, den Muskat und die Zitronenscheiben dazugeben und das Ganze gut verschlossen an einem dunklen Ort fünf bis sechs Tage ziehen lassen.

4. Das Rosmarinelixier durch ein feines, sauberes Tuch filtern, in eine dekorative Flasche füllen, gut verschließen und bis zum Verbrauch kühl aufbewahren.

Zitronen-Birnen-Likör

Für einen Ansatz:

1 kg vollreife süße Birnen, Saft und abgeriebene Schale von 2 unbehandelten Zitronen
1 Bund Zitronenmelisse, 1 Vanilleschote
2 TL Nelken
2–3 Zimtstangen
500 g weißer Kandiszucker
3 Flaschen à 750 ml Obstbranntwein 38 % vol

1. Die Birnen waschen, schälen, halbieren, in Schnitze oder kleine Stücke schneiden und mit Zitronensaft beträufeln.

2. Die abgeriebene Zitronenschale mit der verlesenen, gewaschenen und zerpflückten Zitronenmelisse und den Birnenstücken in ein entsprechend großes Ansatzgefäß geben.

3. Die Vanilleschote längs halbieren und anschließend klein schneiden. Mit den Nelken, den Zimtstangen und dem zerstoßenen Kandiszucker zu den Birnenstücken geben.

4. Den Obstbranntwein über die Früchte gießen.

5. Das Ansatzgefäß gut verschließen und das Ganze an einem kühlen, dunklen Ort mindestens sechs Wochen reifen lassen.

6. Anschließend den fertigen Likör über ein sauberes, feines Passiertuch oder einen Papierfilter abseihen.

7. Den Birnenlikör in dekorative, gut verschließbare Flaschen füllen.

8. Die Früchte separat in kleine, gut verschließbare Einmachgläser füllen und beides – Likör und Früchte – bis zum Verbrauch kühl stellen.

9. Zum Servieren die Früchte in die Gläser geben und mit dem Birnenlikör auffüllen.

KRÄUTERLIKÖR

Für einen Ansatz:

1 Limette
1 Zweig Salbei
1 Zweig Estragon
2–3 Zweige Basilikum
2 Zweige Thymian
1 Zweig Rosmarin
1 Zweig Zitronenmelisse
1 Zweig Pfefferminze
einige Kamillenblüten
750 ml brauner Rum 54 % vol
150 g brauner Zucker

1. Die Limette unter heißem Wasser abbürsten und in Scheiben schneiden.

2. Die Kräuter und die Kamillenblüten verlesen, waschen, gut abtropfen lassen und, wenn nötig, die groben Stängel entfernen.

3. Den Rum in ein gut verschließbares Glas füllen. Den Zucker dazugeben und verrühren, bis er sich aufgelöst hat.

4. Die Limettenscheiben, die Kräuter und die Kamillenblüten dazugeben.

5. Das Glas gut verschließen und den Kräuterlikör an einem dunklen Ort zwei bis drei Wochen ziehen lassen.

6. Anschließend den Likör durch ein feines Sieb filtern, in eine dekorative Flasche füllen, gut verschließen und bis zum Verbrauch kühl aufbewahren.

Pfefferminzlikör

Für einen Ansatz:

1 Bund Pfefferminze
500 ml Zuckersirup
750 ml weißer Rum 54 % vol

1. Die Pfefferminze verlesen, waschen und trocken tupfen. Die Blätter von den Stängeln pflücken und in ein entsprechend großes Ansatzgefäß geben.

2. Den Zuckersirup und den Rum angießen, das Ansatzgefäß gut verschließen und das Ganze an einem dunklen Ort drei bis vier Tage ziehen lassen, dabei das Gefäß mehrmals schütteln.

3. Anschließend den fertigen Pfefferminzlikör über ein sauberes, feines Passiertuch oder einen Papierfilter abseihen.

4. Den Pfefferminzlikör in eine dekorative, gut verschließbare Flasche füllen und bis zum Verbrauch kühl aufbewahren.

Veilchenlikör

(ohne Abbildung)

Für einen Ansatz:

200 g frisch gepflückte, duftende Veilchen
500 ml kochendes Wasser
100–150 g Zucker
250 ml Weingeist 96 % vol
500 ml Cognac 38 % vol

1. Die Veilchen entstielen, in ein Porzellangefäß legen und mit so viel kochendem Wasser übergießen, dass die Blüten knapp bedeckt sind. Zugedeckt 12 Stunden ziehen lassen.

2. Das Veilchenwasser durch ein Sieb filtern, in einen Topf geben und den Zucker unterrühren. Zum Kochen bringen und bis kurz vor den Siedepunkt erhitzen.

3. Den Topf vom Herd nehmen und erkalten lassen. Den Weingeist und den Cognac unterrühren.

4. Den Veilchenlikör in dekorative, gut verschließbare Flaschen füllen und vor dem Verbrauch etwa vier Wochen kühl aufbewahren.

Waldmeister-Pfefferminz-Schnaps

Für einen Ansatz:

50 g Waldmeister
50 g frische Pfefferminze
750 ml Obstbranntwein 38 % vol
100 ml Waldmeistersirup

1. Den Waldmeister und die Pfefferminze verlesen, waschen, gründlich trocken tupfen und mit dem Obstbranntwein in ein gut verschließbares Glas füllen.

2. Den Ansatz 14 Tage warm und dunkel stehen lassen. Anschließend durch ein feines Sieb filtern und den Waldmeistersirup untermischen. Den Waldmeister-Pfefferminz-Schnaps in eine dekorative, gut verschließbare Flasche füllen und bis zum Verbrauch kühl aufbewahren.

Tipp:
Waldmeister hat als heilkräftige Wirkstoffe vor allem Cumarin, Gerbstoffe, Bitterstoffe und verschiedene Säuren sowie Spurenelemente. Waldmeister wirkt harntreibend, lindert Leibschmerzen und reguliert eine unruhige Herztätigkeit. Er ist gut gegen Schlaflosigkeit, reinigt das Blut und ist leicht schweißtreibend. Besonders beliebt ist der Waldmeister in der so genannten „Maibowle“.

Achtung:
Waldmeister darf nur in geringen Mengen eingenommen werden, da das darin enthaltene Cumarin Kopfschmerzen, Übelkeit, Schwindel und Erbrechen auslösen kann!

Salbeilikör

Für einen Ansatz:

1 l Weizen-Doppelkorn 38 % vol
50–75 g weißer Kandiszucker
½ Bund Salbei

1. Den Weizen-Doppelkorn in ein entsprechend großes Ansatzgefäß geben.

2. Den Kandiszucker zerstoßen, dazugeben und unter mehrmaligem Schütteln auflösen lassen.

3. Den Salbei verlesen, waschen, trocken tupfen, die Blätter von den Stängeln pflücken und zum Weizen-Doppelkorn geben.

4. Das Ansatzgefäß gut verschließen und das Ganze an einem dunklen Ort etwa zwei bis drei Wochen ziehen lassen.

5. Anschließend den fertigen Salbeilikör über ein sauberes, feines Passiertuch oder einen Papierfilter abseihen.

6. Den Salbeilikör in eine dekorative, gut verschließbare Flasche füllen und bis zum Verbrauch kühl und dunkel aufbewahren.

Tipp:
In kleinen Mengen eingenommen, lindert der sehr geschmacksintensive Salbeilikör Husten und hat eine entzündungshemmende Wirkung.

Salbei enthält viele ätherische Öle, Gerbstoffe, Bitterstoffe und Salze. Er wirkt blutreinigend, hemmt die Schweißbildung, heilt Entzündungen, lindert Rheumatismus und Gicht. Salbeitee ist ein ausgezeichnetes Gurgelmittel bei Entzündungen im Mund und im Rachenraum. Salbei ist ein beliebtes Würzkraut in der südländischen Küche.

Kamillen-Wässerle

Für einen Ansatz:

100 g frische oder getrocknete Kamillenblüten
1 l Gin oder Aquavit
50 g Zucker nach Geschmack

1. Die frischen Kamillenblüten einen Tag im Schatten trocknen lassen, in ein entsprechend großes Ansatzgefäß geben und mit dem Gin oder Aquavit auffüllen.

2. Je nach Geschmack den Zucker dazugeben. Das Ansatzgefäß gut verschließen und an einem warmen Ort, möglichst in der Sonne, mehrere Tage ziehen lassen. Dabei öfter kräftig schütteln.

3. Anschließend das fertige Kamillenwässerle über ein sauberes, feines Passiertuch oder einen Papierfilter abseihen.

4. Das Kamillewässerle in eine dekorative, gut verschließbare Flasche füllen und bis zum Verbrauch kühl und dunkel aufbewahren.

Tipp:
Gin wird schon seit dem 16. Jahrhundert gebrannt. Als „Genever" wurde in Holland ein mit Wacholder aromatisierter Branntwein gehandelt. Englischer Gin wurde in früheren Zeiten aus Korndestillaten hergestellt, heute wird sehr hochprozentig ausgebrannter (96 % vol) neutraler Alkohol verwendet. Unter Zusatz von Wasser wird das Destillat auf 60 % vol reduziert und mit Wacholderbeeren und verschiedenen Gewürzen, wie z. B. Anis, Fenchel, Kardamom, Koriander oder Zimt aromatisiert und erneut destilliert.

Pfefferminzlikör mit Orangen und Vanille

Für einen Ansatz:

1 Bund Pfefferminze
Saft von 3 Orangen
100 g brauner Zucker
750 ml weißer Rum

1. Die Pfefferminze verlesen, waschen, trocken tupfen und mit dem Orangensaft in ein entsprechend großes Ansatzgefäß geben.

2. Den braunen Zucker dazugeben und verrühren, bis er sich aufgelöst hat.

3. Den weißen Rum angießen. Das Ansatzgefäß gut verschließen und den Likör an einem dunklen Ort vier bis fünf Tage ziehen lassen.

4. Anschließend den fertigen Likör über ein sauberes, feines Passiertuch oder einen Papierfilter abseihen, in eine dekorative Flasche füllen und bis zum Verbrauch kühl und dunkel aufbewahren.

Tipp:
Der Pfefferminzlikör eignet sich sehr gut als Aromaträger für einen Cocktail. Dazu gießt man den Likör in ein mit einem Crustarand versehenes dekoratives Glas, gibt etwas Crushed Ice dazu und garniert den Drink mit Pfefferminzzweigen als „Golden Mojito“.

Zucker macht den Likör harmonisch und verleiht dem Getränk seine Lieblichkeit. Es ist vorteilhaft, wenn Sie eine Zuckerlösung zubereiten, da sich Zucker in Alkohol nur schwer auflöst. Die Herstellung einer Zuckerlösung ist ganz einfach: In 500 ml Wasser wird 1 kg Haushaltszucker eingerührt, zum Kochen gebracht und so lange gekocht, bis sich der Zucker vollständig aufgelöst hat. Den Schaum abschöpfen und die Zuckerlösung nach dem Erkalten in Flaschen füllen. Nun kann sie dem Ansatz nach Geschmack zugesetzt werden.

Gewürzlikör mit Rosmarin

Für einen Ansatz:

1 Bund Rosmarin
2 EL Nelken
2 EL Wacholderbeeren
2 EL Pfefferkörner
2 EL Kümmel
5 Sternanis
2 EL Koriander
2 EL Kardamom
200 g Honig
200 ml Weißwein
300 g brauner Kandiszucker
3 Flaschen à 750 ml Obstbranntwein 38 % vol
einige Rosmarinzweige

1. Den Rosmarin verlesen, waschen, abtropfen lassen, zerpflücken und in ein entsprechend großes Ansatzgefäß geben.

2. Die Gewürze vermischen und im Mörser oder mit dem Messerrücken grob zerkleinern.

3. Die Gewürze mit dem Honig und dem Weißwein in einem Topf erhitzen. So lange rühren, bis sich der Honig aufgelöst hat, vom Herd nehmen und erkalten lassen.

4. Den Gewürzsirup mit dem zerstoßenen Kandiszucker zum Rosmarin geben. Den Obstbranntwein hinzufügen.

5. Das Ansatzgefäß gut verschließen und das Ganze an einem kühlen, dunklen Ort mindestens sechs Wochen ziehen lassen.

6. Den fertigen Likör über ein sauberes, feines Passiertuch oder einen Papierfilter abseihen.

7. Den Gewürzlikör in dekorative, gut verschließbare Flaschen füllen und bis zum Verbrauch kühl stellen.

8. Zum Servieren je einen Rosmarinzweig in das Glas stellen.

Ananas-Basilikum-Schnaps

Für einen Ansatz:

½ Ananas
20 g frisches Basilikum
1 l weißer Rum (54 %)

1. Die Ananas schälen, den Strunk herausschneiden, die Ananas in Scheiben schneiden und diese halbieren.

2. Die Ananasscheiben in ein gut verschließbares Glas füllen. Das Basilikum verlesen, waschen, trocken tupfen und zu den Ananasscheiben geben.

3. Den weißen Rum angießen, das Glas verschließen und den Ananas-Basilikum-Schnaps an einem warmen Ort, jedoch nicht in der Sonne, drei Wochen stehen lassen.

4. Anschließend den Schnaps weitere drei Wochen kühl aufbewahren.

5. Den Ananas-Basilikum-Schnaps durch ein feines Sieb gießen, in dunkle, gut verschließbare Flaschen füllen und zum Schluss die Ananasscheiben wieder dazugeben.

6. Den Ananas-Basilikum-Schnaps bis zum Verbrauch kühl aufbewahren.

Tipp:
Pflanzenteile von Basilikum, auch Königskraut genannt, fand man schon in den Grabkammern der Pyramiden. Im alten Rom schätzte man das Kraut als Heil-, Gewürz- und Zierpflanze.

Basilikum lindert Erkältungen, Husten, Halsschmerzen, Heiserkeit, Magenbeschwerden, Nierenentzündungen, Übelkeit und Blähungen.

Aprikosenlikör

Für einen Ansatz:

500 g Aprikosen
1 Vanilleschote
500 ml Obstbranntwein 38 % vol
200 g Zucker
100 ml Wasser
500 ml Obstbranntwein 38 % vol

1. Die Aprikosen waschen, trocken tupfen, halbieren, entkernen und in ein gut verschließbares Glas füllen.

2. Die aufgeschlitzte Vanilleschote und den Obstbranntwein dazugeben.

3. Den Ansatz sechs Wochen dunkel aufbewahren. Anschließend durch ein Sieb filtern.

4. Den Zucker mit dem Wasser aufkochen und erkalten lassen.

5. Den Zuckersirup mit dem restlichen Obstbranntwein unter den Ansatz mischen und die Aprikosenhälften wieder dazugeben.

6. Den Aprikosenlikör in dekorative, gut verschließbare Flaschen füllen und bis zum Verbrauch kühl und dunkel aufbewahren.

Tipp:
Aprikosen mit ihrem fein säuerlichen Aroma sind durch ihren Vitamin-C-Gehalt und viele weitere Inhaltsstoffe sehr gesund. Die vollreifen Früchte zeichnen sich durch ein herrliches Aroma aus, das in Desserts, Soßen, Marmeladen und Spirituosen besonders beliebt ist. Aprikosen werden auch als Trockenobst angeboten und sind eine gute Ergänzung auf dem Speisezettel.

Mirabellenlikör

Für einen Ansatz:

500 g frische Mirabellen
1 cl Obstbrand 38 % vol
250 ml Ahornsirup
250 ml stilles Wasser

1. Die Mirabellen verlesen, waschen, gut abtrocknen und mit einer Gabel mehrmals einstechen.

2. Mit dem Obstbrand in ein gut verschließbares Glas füllen und vier Wochen stehen lassen. Anschließend durch ein Sieb gießen, dabei die Flüssigkeit auffangen.

3. Den Ahornsirup in dem Wasser auflösen und durch ein Tuch filtern. Mit den Mirabellen und der Flüssigkeit in Flaschen füllen.

4. Den Mirabellenlikör mit Ahornsirup bis zum Verbrauch kühl und dunkel aufbewahren.

Tipp:
Mirabellen gehören zum Steinobst. Sie sind durch ihren Gehalt an Vitaminen und Mineralstoffen gesundheitsfördernd. Mirabellen entwickeln ihr feines Aroma besonders, wenn sie zu einem duftenden Likör oder Schnaps verarbeitet werden. Daneben eignen sie sich sehr gut zum Einkochen, für Kuchen und Desserts.

Spanischer Vanillelikör

(ohne Abbildung)

Für einen Ansatz:

60 ml Weingeist 96 % vol
1 Vanilleschote, 10 Korianderkörner
600 ml Sherry dry, 80 ml Zuckersirup
50 ml Grenadinesirup

1. Den Weingeist mit der längs aufgeschnittenen Vanilleschote und den Korianderkörnern in ein gut verschließbares Glas füllen und sechs bis acht Tage ziehen lassen.

2. Das Ganze durch ein Sieb filtern und den Sherry dry angießen.

3. Den spanischen Vanillelikör mit Zuckersirup und Grenadinesirup süßen, in dekorative Flaschen füllen und bis zum Verbrauch kühl aufbewahren.

Tipp:
Grenadinesirup wird aus dem Saft von Granatäpfeln gewonnen. Er sollte in keiner Hausbar fehlen, da er wegen seines köstlichen Aromas und seiner leuchtend roten Farbe wunderbar zum Mixen von Getränken aller Art geeignet ist. Daneben verfeinert Grenadinesirup Desserts oder Tortenfüllungen.

Chinatinktur

Für einen Ansatz:

10 g chinesische Teeblätter (grüner Tee)
5 g Lindenblüten
½ Vanillestange
4 Nelken
1 Prise Muskat
Schale von 1 unbehandelten Orange
1 kleines Stück Ingwer
750 ml Doppelkorn 38 % vol

1. Die Teeblätter, die Lindenblüten, die längs aufgeschnittene Vanillestange, die Nelken und den Muskat in ein gut verschließbares Glas füllen.

2. Die Orange unter heißem Wasser abbürsten, dünn schälen und die Schale mit dem geschälten und klein geschnittenen Ingwer zu den Teeblättern und den Lindenblüten geben.

3. Mit Doppelkorn aufgießen und die Chinatinktur drei bis vier Wochen kühl und dunkel ziehen lassen.

4. Die Chinatinktur durch ein Sieb filtern, in dunkle, dekorative Flaschen füllen und bis zum Verbrauch kühl aufbewahren.

Tipp:
Die Chinatinktur ist ein gutes Mittel bei Erkältungskrankheiten. Für eine Schwitzkur mischt man einen Teelöffel Chinatinkur in eine Tasse heißen Lindenblüten- oder Holundertee. Zur allgemeinen Stärkung trinkt man ab und zu ein Glas Chinatinktur.

Die Wirkung der Lindenblüten ist schon seit Jahrhunderten bekannt. Sie werden als Beruhigungsmittel für Herz und Nerven und zur Krampflösung eingesetzt. Bei fiebrigen Erkältungen ist Lindenblütentee hervorragend für eine Schwitzkur geeignet. Lindenblütentee hilft bei Schlafstörungen. Bei Muskelversteifungen, Migräne, Hautunreinheiten und nervösem Erbrechen bringt ein Aufguss aus Lindenblüten rasch Linderung.

Lindenblüten werden im Juli geerntet, wenn sie in voller Blüte stehen. Man trocknet sie schonend an einem luftigen, schattigen Platz und füllt sie anschließend in dunkle Gläser. Für einen Lindenblütentee überbrüht man pro Tasse einen Esslöffel getrocknete Lindenblüten mit kochendem Wasser und lässt das Ganze sechs bis acht Minuten ziehen.

Holundersekt

Für einen Ansatz:

200 g Holunderblütendolden
2 l Wasser
500 g Zucker
2 unbehandelte Zitronen
250 ml Weingeist 96 % vol

1. Die Holunderblüten verlesen und gut ausschütteln.

2. Das Wasser mit dem Zucker, den gewaschenen, in Scheiben geschnittenen Zitronen und dem Weingeist in ein großes Glas füllen.

3. Das Ganze so lange rühren, bis sich der Zucker aufgelöst hat. Die Holunderblüten untermischen, das Glas gut verschließen und fünf bis sieben Tage an einen warmen Ort stellen.

4. Anschließend den Holundersekt durch ein feines Sieb oder Tuch gießen, in dekorative, gut verschließbare Flaschen füllen und mindestens 14 Tage ruhen lassen.

Holunderlikör

(ohne Abbildung)

Für einen Ansatz:

ca. 2 kg reife Holunderbeeren
500 g Zucker
500 ml Gin oder Korn 38 % vol

1. Die Holunderbeeren verlesen, waschen, gut abtropfen lassen und im elektrischen Entsafter oder Dampfentsafter entsaften.

2. Den Saft mit dem Zucker verrühren, bis sich der Zucker aufgelöst hat. Mit dem Gin oder Korn in eine dekorative Flasche füllen, diese verschließen und einige Wochen ruhen lassen.

3. Anschließend den Holunderlikör durch ein feines Sieb filtern, wieder in die Flasche füllen und bis zum Verbrauch kühl aufbewahren.

ELABORE EN

Ringelblumentinktur

Für einen Ansatz:

75 g Ringelblumen
1 l Weizen-Doppelkorn 38 % vol

1. Die Ringelblumen verlesen, die Blütenblätter ablösen und in ein entsprechend großes Ansatzgefäß geben.

2. Den Weizen-Doppelkorn angießen. Das Ansatzgefäß gut verschließen und das Ganze an einem warmen Ort oder in der Sonne zwei Wochen ziehen lassen.

3. Anschließend den fertigen Ringelblumenansatz über ein sauberes, feines Passiertuch oder einen Papierfilter abseihen, in eine dekorative, gut verschließbare Flasche füllen und bis zum Verbrauch kühl und dunkel aufbewahren.

Tipp:
Die Ringelblumentinktur fördert die Verdauung und lindert Gallenbeschwerden.

Birkentinktur

(ohne Abbildung)

Für einen Ansatz:

50 g junge Birkenblätter
250 ml Obstler 38 % vol

1. Die Birkenblätter verlesen, waschen, trocken tupfen und in ein gut verschließbares Glas füllen.

2. Den Obstler angießen und das Ganze an einem warmen Ort zwei bis drei Wochen ziehen lassen.

3. Die Birkentinktur durch ein feines Tuch filtern, in eine Flasche füllen und kühl aufbewahren.

Tipp:
Junge Birkenblätter haben einen hohen Gehalt an Gerbstoffen, Saponin, Bitterstoffen, Säuren, Vitamin C und ätherischen Ölen. Neben den Blättern enthalten auch die Knospen, der Saft und die Rinde viele Heil- und Wirkstoffe. Birke wirkt harntreibend, lindert Nierenentzündungen, Kreislaufstörungen und Lebererkrankungen. Rheuma, Gicht und Gelenkschmerzen klingen durch die entwässernde Wirkung der Birke rasch ab.

Birkentinktur in ungesüßtem, heißem Tee eingenommen, hilft bei Nierensteinen und reinigt das Blut.

Wacholder-Rosmarin-Tinktur

Für einen Ansatz:

125 g getrocknete Wacholderbeeren
25 g frischer Rosmarin
500 ml Weinbrand 38 % vol

1. Die Wacholderbeeren mit dem verlesenen, gewaschenen und gut abgetropften Rosmarin in ein entsprechend großes Ansatzgefäß geben.

2. Den Weinbrand angießen, das Ansatzgefäß gut verschließen und das Ganze 14 Tage in die Sonne stellen.

3. Die Tinktur jeden Tag einmal kräftig schütteln.

4. Anschließend den fertigen Ansatz über ein sauberes, feines Passiertuch oder einen Papierfilter abseihen, in eine dekorative Flasche füllen, gut verschließen und bis zum Verbrauch kühl und dunkel aufbewahren.

Tipp:
Die Wacholder-Rosmarin-Tinktur hilft bei Mundgeruch, Gallenbeschwerden und Durchfall. Die Tinktur wirkt entwässernd und regt die Verdauung an.

Sie lindert Erkältungen, wenn man einige Tropfen in eine Schüssel heißes Wasser gibt und die Dämpfe inhaliert.

Achtung:
Die Wacholder-Rosmarin-Tinktur ist nicht geeignet für Schwangere und Menschen mit eingeschränkter Nierenfunktion!

Anis-Kümmel-Tinktur

Für einen Ansatz:

100 g Anissamen
20 g Kümmel
500 ml Obstschnaps
38 % vol

1. Die Anissamen und den Kümmel im Mörser zerstoßen.

2. Mit dem Obstschnaps in ein entsprechend großes Ansatzgefäß geben, das Ansatzgefäß gut verschließen und an einem warmen Ort sechs Wochen dunkel stehen lassen.

3. Anschließend den fertigen Ansatz über ein sauberes, feines Passiertuch oder einen Papierfilter abseihen, in eine dekorative Flasche füllen, gut verschließen und bis zum Verbrauch kühl und dunkel nochmals drei Monate stehen lassen.

Tipp:
Anis wird in der Homöopathie als Beruhigungsmittel eingesetzt. Er hilft bei Appetitlosigkeit, Mandel- und Zahnfleischentzündungen, ist krampflindernd und harntreibend. Ein Gläschen Anis-Kümmel-Tinktur nach dem Essen wirkt verdauungsfördernd. Die Anis-Kümmel-Tinktur hilft außerdem bei Blähungen und Bauchschmerzen.

Johanniskraut-tinktur

Für einen Ansatz:

20 g Johanniskraut
150 ml Obstbranntwein 38 % vol

1. Das Johanniskraut verlesen und an einem schattigen Ort trocknen lassen.

2. Den Obstbranntwein mit dem Johanniskraut in ein entsprechend großes Ansatzgefäß füllen, gut verschließen und an einem warmen Ort zwei Wochen ziehen lassen.

3. Anschließend den fertigen Johanniskrautansatz über ein sauberes, feines Passiertuch oder einen Papierfilter abseihen, in eine dekorative Flasche füllen, gut verschließen und bis zum Verbrauch kühl aufbewahren.

Tipp:
In Johanniskraut wurden viele Heil- und Wirkstoffe nachgewiesen. Es enthält z. B. Bitter- und Gerbstoffe, ätherische Öle, Säuren, Harze, Kohlenhydrate und Eiweiß. Am bekanntesten ist das Johannisöl, das ein ausgezeichnetes Wund- und Hautpflegemittel ist. Man verwendet es zum Einreiben bei Hexenschuss, Rücken-, Gicht- und Rheumaschmerzen.

Die Johanniskrauttinktur wirkt verdauungsfördernd, sie sollte teelöffelweise nach dem Essen eingenommen werden.

Ingwertinktur

Für einen Ansatz:

1 mittelgroße, frische Ingwerknolle
750 ml Weizen-Doppelkorn 38 % vol
200 ml Orangenlikör

1. Die Ingwerknolle putzen, schälen und in feine Scheiben schneiden.

2. Mit dem Weizen-Doppelkorn und dem Orangenlikör in ein entsprechend großes Ansatzgefäß füllen, gut verschließen und an einem warmen Ort drei Wochen dunkel stehen lassen.

3. Anschließend den fertigen Ingweransatz über ein sauberes, feines Passiertuch oder einen Papierfilter abseihen, in eine dekorative Flasche füllen, gut verschließen und bis zum Verbrauch kühl aufbewahren.

Tipp:
Ingwer ist wohl eines der ersten orientalischen Gewürze, das wir im Westen im Mittelalter verwendet haben, speziell die asiatische Küche liebt den Ingwer. Wir kennen zwei verschiedene Arten, den schwarzen und den weißen Ingwer. Die heutigen Anbaugebiete sind in Indien zu suchen, doch kennt auch die chinesische, japanische und südamerikanische Küche den Ingwer.

Seine Wurzeln können frisch, getrocknet oder gemahlen verwendet werden. Frischer Ingwer hat einen scharfen, brennenden Geschmack und riecht leicht nach Zitrone. Zwei bis drei Gläschen Ingwertinktur pro Tag helfen bei Magenbeschwerden, Kreislaufproblemen, Mattigkeit und Verdauungsproblemen.

Thymiantinktur

Für einen Ansatz:

50 g frischer Thymian
1–2 Gewürznelken
500 ml Wodka 40 % vol

1. Den Thymian verlesen, waschen, trocken tupfen und zerpflücken. Die Gewürznelken zerdrücken.

2. Den Thymian und die Nelken mit dem Wodka in ein entsprechend großes Ansatzgefäß füllen, gut verschließen und an einem warmen, dunklen Ort 10 Tage ziehen lassen.

3. Anschließend den fertigen Thymianansatz über ein sauberes, feines Passiertuch oder einen Papierfilter abseihen, in eine dekorative Flasche füllen, gut verschließen und bis zum Verbrauch kühl aufbewahren.

Tipp:
Der aromatische Thymian gehört wegen seiner vielen Heil- und Wirkstoffe zu den wertvollen Heilkräutern. Er stärkt und belebt, hilft bei Schlaflosigkeit und hat sich bei Magen- und Lungenbeschwerden bewährt.

Das Thymianöl wird für Einreibungen, Bäder und Waschungen verwendet. Ein bis zwei Teelöffel Thymiantinktur in heißem Tee lindern Erkrankungen der Luftwege, Asthma, Keuchhusten, Nieren- und Blasenkrämpfe und Fieber.

Koriandertinktur

(ohne Abbildung)

Für einen Ansatz:

50 g Koriandersamen
250 ml Wasser, 150 g Zucker
500 ml Weizen-Doppelkorn 38 % vol

1. Die Koriandersamen im Mörser grob zerstoßen. Das Wasser mit dem Zucker in einem Topf zum Kochen bringen und unter ständigem Rühren so lange köcheln lassen, bis sich der Zucker aufgelöst hat.

2. Den Sirup mit dem Koriander in ein gut verschließbares Ansatzgefäß füllen und drei bis vier Tage an einem warmen Ort stehen lassen.

3. Den Ansatz durch ein Tuch filtern, den Doppelkorn angießen und die Koriandertinktur in einer dekorativen Flasche kühl aufbewahren.

Tipp:
Die Koriandertinktur wird tropfenweise eingenommen. Sie ist ein gutes Mittel gegen Mundgeruch und lindert Verdauungsstörungen, Krämpfe und Blähungen. Ein Teelöffel Koriandertinktur in einer Tasse heißem Melissentee eingenommen, hilft bei Nervosität.

Kamillentinktur

Für einen Ansatz:

100 g getrocknete Kamillenblüten
500 ml Weinbrand 38 % vol

1. Die Kamillenblüten mit dem Weinbrand in ein entsprechend großes Ansatzgefäß füllen, verschließen und an einem warmen, dunklen Ort drei Wochen ziehen lassen.

2. Anschließend den fertigen Kamillenansatz über ein sauberes, feines Passiertuch oder einen Papierfilter abseihen, in eine dekorative Flasche füllen, gut verschließen und bis zum Verbrauch kühl aufbewahren.

Tipp:
Die wichtigsten Heil- und Wirkstoffe der Kamille sind z. B. ätherische Öle, Harze, Bitterstoffe, Salze, Säuren und Kalium. Ob als Tee, Tinktur, Öl, Badezusatz oder Mittel zum Inhalieren, die Kamille heilt und lindert viele Beschwerden.

Sie heilt Abszesse, Furunkel, Geschwüre und Ekzeme. Sie lindert Katarrhe, Ohrenschmerzen und Zahnschmerzen, Blähungen, Koliken und Krämpfe. Die Wirkstoffe der Kamille wirken ebenso bei Rheuma, Hexenschuss und Abgespanntheit.

Ein bis zwei Teelöffel Kamillentinktur nach dem Essen helfen bei Magenproblemen. Kamillentinktur ist fiebersenkend, entzündungshemmend, schmerzstillend und desinfizierend. Sie regt die Verdauung an und heilt kleine Wunden. Einige Tropfen Tinktur in heißem Wasser werden zum Inhalieren bei Husten und Grippe angewendet. Als Badezusatz hilft Kamillentinktur bei Unruhe und Schlaflosigkeit.

Lavendeltinktur

Für einen Ansatz:

100 g Lavendelblüten und -blätter
200 ml Weingeist 96 % vol
200 ml Birnengeist 40 % vol

1. Die Lavendelblüten und -blätter verlesen, waschen und gründlich trocken tupfen.

2. Mit dem Weingeist und dem Birnengeist in ein gut verschließbares Glas füllen und acht Tage an einem dunklen Platz stehen lassen.

3. Anschließend den fertigen Lavendelansatz über ein sauberes, feines Passiertuch oder einen Papierfilter abseihen, in eine dunkle Flasche füllen, gut verschließen und bis zum Verbrauch kühl aufbewahren.

Tipp:
Lavendel gehört zu den Lippenblütlern, ist ein immergrüner, ausdauernder, aber sehr frostempfindlicher Halbstrauch. Wegen seines Wohlgeruches und der anmutigen Blüten wird Lavendel auch gern als Ziergewächs in Hausgärten angepflanzt.

Die an langen Stängeln mit kleinen Quirlen stehenden blauvioletten Blüten überragen die Blätterregion und enthalten am meisten von dem wohlriechenden ätherischen Öl.

Lavendel ist typisch für das Mittelmeergebiet. Dort findet er die Wärme und den steinigen, kargen Boden, den er benötigt, um seinen Duft und seine Farbe zu entfalten.

Die herb-bitter, leicht nach Rosmarin schmeckenden Blätter lassen sich fein gehackt gut für Eintöpfe und Fischgerichte verwenden. Auch zu stark aromatischen Speisen wie Hammel oder Wildbret passt der Duft als Ausgleich gut. In Kräutersoßen und Marinaden kommt Lavendel ebenfalls gut zur Geltung.

Salbei-Thymian-Tinktur

Für einen Ansatz:

50 g frischer Salbei
10 g frischer Thymian
500 ml Weizen-Doppelkorn 38 % vol

1. Den Salbei und den Thymian verlesen, waschen, gründlich trocken tupfen und mit dem Weizen-Doppelkorn in ein entsprechend großes Ansatzgefäß füllen. Dieses gut verschließen und das Ganze an einem warmen, dunklen Ort drei Wochen ziehen lassen.

2. Anschließend den fertigen Salbeiansatz über ein sauberes, feines Passiertuch oder einen Papierfilter abseihen, in eine dekorative, dunkle Flasche füllen, gut verschließen und bis zum Verbrauch kühl aufbewahren.

Tipp:
Die botanische Artbezeichnung des Salbeis, salvia officinalis, stammt vom lateinischen „salvare" (heilen) oder „salvus" (gesund), und tatsächlich war Salbei schon im alten Rom als Prototyp einer Heil- und Gewürzpflanze bekannt.

Die Salbei-Thymian-Tinktur hilft bei Husten und Halsschmerzen, wenn sie mit Tee vermischt eingenommen wird. Sie wirkt verdauungsfördernd, krampflösend und desinfizierend.

Achtung:
Die Salbei-Thymian-Tinktur darf nicht über längere Zeit und nicht während der Schwangerschaft angewendet werden!

Fencheltinktur

Für einen Ansatz:

20 g Fenchelsamen
500 ml Apfelschnaps 37,5 % vol
Zucker nach Geschmack

1. Die Fenchelsamen im Mörser zerreiben und mit dem Apfelschnaps und Zucker nach Geschmack in ein entsprechend großes Ansatzgefäß füllen. Dieses verschließen und das Ganze an einem warmen, dunklen Ort acht bis zehn Tage ziehen lassen.

2. Anschließend den fertigen Fenchelansatz über ein sauberes, feines Passiertuch oder einen Papierfilter abseihen, in eine dekorative Flasche füllen, gut verschließen und bis zum Verbrauch kühl aufbewahren.

Tipp:
Die Anistinktur wird teelöffelweise in heißem Tee eingenommen. Sie ist ein gutes Mittel gegen Magenbeschwerden, Koliken und Magenschwäche. Bei Aufstoßen träufelt man sie auf Würfelzucker und lässt diesen langsam im Mund zergehen.

Anistinktur in heißem Kamillentee wirkt beruhigend auf das Nervensystem, lindert Husten, Asthma und Bronchitis.

Nelkentinktur

(ohne Abbildung)

Für einen Ansatz:

10 g Gewürznelken
150 ml Weinbrand 38 % vol

1. Die Gewürznelken mit dem Weinbrand in ein entsprechend großes Ansatzgefäß füllen, gut verschließen und an einem warmen, dunklen Ort zwei Wochen stehen lassen.

2. Anschließend den fertigen Nelkenansatz über ein sauberes, feines Passiertuch oder einen Papierfilter abseihen, in eine dekorative Flasche füllen, gut verschließen und bis zum Verbrauch kühl aufbewahren.

Tipp:
Die Nelken gehören zu den ältesten Gewürzen, die von den Chinesen bereits im 3. Jahrhundert vor Christus verwendet wurden. Auch die Römer haben Nelken als Küchengewürz, Heilkraut und zur Parfümherstellung benützt. In Europa sind die Nelken seit dem Mittelalter bekannt und haben nicht nur in der Küche ihren Stellenwert, sondern auch in der Medizin. Heute bekommen wir Nelken das ganze Jahr über im Handel. Einige Tropfen Nelkentinktur lindern Zahnschmerzen. Mit Wasser verdünnt ist die Nelkentinktur ein ausgezeichnetes Gurgelmittel bei Entzündungen im Mund- und Rachenraum.

Aloetinktur

Für einen Ansatz:

100 g frisch ausgepresstes Aloe-Vera-Gel
100 ml Weingeist 96 % vol
1 Stück Zitronenschale
1–2 ganze Aloe-Vera-Blätter
400 ml stilles Mineralwasser

1. Das Aloe-Vera-Gel mit dem Weingeist, der Zitronenschale und den ganzen Aloe-Vera-Blättern in ein entsprechend großes Ansatzgefäß füllen. Dieses gut verschließen und das Ganze an einem warmen, dunklen Ort drei Wochen ziehen lassen.

2. Anschließend das stille Mineralwasser angießen, in eine dekorative Flasche füllen, gut verschließen und kühl aufbewahren. Die Aloe-tinktur sollte möglichst rasch aufgebraucht werden.

Tipp:
Aus den Blättern wird ein harzhaltiger, zähflüssiger Milchsaft gewonnen. Diesem Saft der Aloepflanze schreibt man im Volksmund abführende Wirkung zu.

Auch wurde er früher (heute nur noch in ganz geringem Maße) bei der Herstellung von Magenbitter, Kosmetika sowie pharmazeutischen Produkten verwendet.

Die Aloe-Vera-Tinktur hilft gegen Mückenstiche sowie Hautunreinheiten und wirkt kühlend bei Sportverletzungen.

Achtung:
Die Aloe-Vera-Tinktur darf nur äußerlich angewendet werden!

Hopfentinktur

Für einen Ansatz

4 gehäufte EL Hopfenblüten
350 ml Weingeist 96 % vol
400 ml stilles Mineralwasser

1. Die Hopfenblüten verlesen, waschen, gründlich trocken tupfen und mit dem Weingeist in ein entsprechend großes Ansatzgefäß füllen. Dieses gut verschließen und das Ganze an einem warmen, dunklen Ort etwa zehn Tage ziehen lassen.

2. Anschließend das stille Mineralwasser angießen, die Tinktur in eine dekorative Flasche füllen, gut verschließen und kühl aufbewahren. Die Hopfentinktur sollte möglichst rasch aufgebraucht werden.

Tipp:
Seit dem 14. Jahrhundert wird die bekannte Kletterpflanze in großen Kulturen angebaut. Man findet Hopfenfelder heute in vielen Ländern der Erde, das größte Erzeugerland ist Deutschland. In gemäßigten Breiten rankt die schnellwüchsige Pflanze auch wild an Hecken, Zäunen oder Waldrändern empor. Am besten gedeiht Hopfen auf mildlehmigen, frischen, kalk- und humushaltigen, warmen Böden.

Verwendung finden nur die weiblichen Blüten, in deren Drüsenhaaren sich die Würzstoffe befinden. Alle männlichen Pflanzen in den Kulturen werden vernichtet, damit keine Befruchtung erfolgt, wodurch der Hopfen an Wert verlieren würde.

Hopfen ist eine sehr ausdauernde Pflanze, doch überwintert lediglich der verzweigte Wurzelteil, aus dem dann im Frühjahr wieder neue Triebe sprießen. Hopfen wird durch Stecklinge vermehrt.

Die zapfenförmigen Dolden des Hopfens werden zum Würzen des Bieres verwendet, da sie Harze und Bitterstoffe sowie den Wirkstoff Hopfenbittersäure enthalten. Im Herbst geerntet, getrocknet und dann von den Brauereien verarbeitet, machen sie das Bier außerdem haltbarer. Von manchen Feinschmeckern werden Hopfensprosse als Gemüse bereitet.

Der stark aromatische Hopfen wird wegen seines Gehalts an Bitterstoffen, Säuren, Gerbstoffen und dem ätherischen Öl Lupulin auch zu Heilzwecken eingesetzt. Hopfen wirkt beruhigend auf das Nervensystem, lindert Verdauungsstörungen, Gicht, Rheuma, Gallen- und Blasenbeschwerden und Durchfall. Die Hopfentinktur wirkt bei Schlafstörungen, wenn man sie abends teelöffelweise unverdünnt einnimmt.

Hopfentee wirkt beruhigend und ist hilfreich bei Magenbeschwerden. Hopfenkissen galten früher als Schlaf- und Beruhigungsmittel.

URSBERGER KLÖSTERLE

Für einen Ansatz:

1 Hand voll getrocknete Kamillenblüten
½ Bund Zitronenmelisse
½ Bund Pfefferminze
5 EL Nelken
2 Lorbeerblätter
2 EL Fenchelsamen
2 EL Koriander
500 g weißer Kandiszucker
3 Flaschen à 750 ml Weizen-Doppelkorn 38 % vol

1. Die Kamillenblüten in ein entsprechend großes Ansatzgefäß geben.

2. Die frischen Kräuter verlesen, waschen, gut abtropfen lassen und zerpflücken.

3. Die Gewürze vermischen und im Mörser oder mit dem Messerrücken grob zerkleinern.

4. Die Gewürze mit den Kräutern und dem zerstoßenen Kandiszucker zu den Kamillenblüten geben.

5. Den Weizen-Doppelkorn angießen. Das Ansatzgefäß gut verschließen und das Ganze an einem kühlen, dunklen Ort mindestens sechs Wochen ziehen lassen.

6. Anschließend den fertigen Likör über ein sauberes, feines Passiertuch oder einen Papierfilter abseihen.

7. Den Ursberger Klösterle in dekorative, gut verschließbare Flaschen füllen und bis zum Verbrauch kühl stellen.

Kräutergarten-Gewürzlikör

Für einen Ansatz:

¼ Bund Rosmarin
¼ Bund Thymian
¼ Bund Wermutkraut
¼ Bund Salbei
2 EL Nelken
5 Lorbeerblätter
2 EL Wacholderbeeren
2 EL Anissamen
2 EL Kümmel
2 EL Koriander
4 Zimtstangen
500 g brauner Kandiszucker
3 Flaschen à 750 ml Weizen-Doppelkorn 38 % vol

1. Die Kräuter verlesen, waschen, gut abtropfen lassen und zerpflücken.

2. Die Gewürze vermischen und im Mörser oder mit dem Messerrücken grob zerkleinern.

3. Die Kräuter mit den Gewürzen, den Zimtstangen und dem zerstoßenen Kandiszucker in ein entsprechend großes Ansatzgefäß geben.

4. Den Weizen-Doppelkorn angießen. Das Ansatzgefäß gut verschließen und das Ganze an einem kühlen, dunklen Ort mindestens sechs Wochen ziehen lassen.

5. Anschließend den fertigen Likör über ein sauberes, feines Passiertuch oder einen Papierfilter abseihen.

6. Den Kräutergarten-Gewürzlikör in dekorative, gut verschließbare Flaschen füllen und bis zum Verbrauch kühl stellen.

Salbei-Gewürz-Likör

Für einen Ansatz:

1 Bund Salbei
300 g brauner Kandiszucker
2 EL Nelken
5 Lorbeerblätter
2 EL Wacholderbeeren
2 EL Pfefferkörner
2 EL Kümmel
5 Sternanis
2 EL Kardamom
4 Zimtstangen
250 ml Apfelsaft
200 g Honig
3 Flaschen à 750 ml Weizen-Doppelkorn 38 % vol

1. Den Salbei verlesen, waschen, gut abtropfen lassen und zerpflücken.

2. Die Salbeiblätter mit dem zerstoßenen Kandiszucker in ein entsprechend großes Ansatzgefäß geben.

3. Die Gewürze vermischen und im Mörser oder mit dem Messerrücken grob zerkleinern.

4. Den Apfelsaft mit den Gewürzen und dem Honig in einem Topf zum Kochen bringen und kurz einreduzieren lassen.

5. Den Sirup vom Herd nehmen, vollständig erkalten lassen und mit den Salbeiblättern vermischen.

6. Den Weizen-Doppelkorn angießen. Das Ansatzgefäß gut verschließen und das Ganze an einem kühlen, dunklen Ort mindestens sechs Wochen ziehen lassen.

7. Anschließend den fertigen Likör über ein sauberes, feines Passiertuch oder einen Papierfilter abseihen.

8. Den Salbeilikör in dekorative, gut verschließbare Flaschen füllen und bis zum Verbrauch kühl stellen.

REGISTER

Aloetinktur 164
Ananas-Basilikum-Schnaps 134
Ananaslikör 76
Anis-Kümmel-Tinktur 148
Apfel-Minze-Likör 30
Apfel-Zimt-Schnaps 100
Apfellikör 46
Apfellikör mit weißem Rum 88
Apfelschnaps mit Mandeln und Honig 106
Aprikosenlikör 136

Babyapfellikör 66
Basilikumschnaps 108
Beerenlikör mit Honig 36
Birkentinktur 144
Birnchen, köstliches 72
Birnenlikör 52
Birnenlikör mit Honig 52
Brombeerlikör 38

Cappuccinolikör 94
Chilischnaps 102
Chinatinktur 140
Cranberrylikör 68

Eierlikör, Großvaters 86
Erdbeerlikör 64
Erdbeerlimes 64

Feigen-Orangen-Likör 46
Feigenlikör 50
Fencheltinktur 162

Gewürzlikör 100
Gewürzlikör mit Rosmarin 132
Granatapfellikör 12
Granatapfellikör mit Kirschen 16

Hagebuttenschnaps 114
Heidelbeerlikör 84
Himbeer-Honig-Likör 24
Himbeerlikör 40
Holunderlikör 142
Holundersekt 142
Hopfentinktur 166

Ingwerlikör 92
Ingwerschnaps mit Kardamom 102
Ingwertinktur 150

Johannisbeergrappa 28
Johannisbeerlikör 30
Johanniskrauttinktur 150
Jostabeerlikör 56

Kaffeelikör 94
Kamillentinktur 156
Kamillenwässerle 128
Kirschlikör 22
Kiwi-Apfel-Likör, grüner 18
Kiwilikör 18
Kiwilikör mit Physalis 34
Klösterle, Ursberger 168
Klosterlikör 116
Koriandertinktur 154

Kräutergarten-
Gewürzlikör 170
Kräuterlikör 120
Kräuterlikör, Murnauer 98

Lavendeltinktur 158
Likör von Kornelkirschen 14
Likör von wilden
Zwetschgen 60
Limquatlikör 80
Litschilikör mit
Mandarinen 54

Magenbitter, Großvaters 96
Mandellikör 58
Maracuja-Mango-Likör 66
Margeritenlikör 108
Melonenlikör 78
Mirabellenlikör 138

Nelkentinktur 162

Orangen-Kräuter-Likör 20
Orangenlikör 24
Orangenlikör mit
Kumquats 20

Pfefferminzlikör 122
Pfefferminzlikör mit
Orangen und Vanille 130
Pfefferminzschnaps 110
Pfirsich-Kokos-Likör 80
Pflaumenlikör 70
Physalislikör 44

Ringelblumentinktur 144
Rosenlikör 104
Rosmarinelixier 116
Rotweinlikör mit Birnen
und Vanille 74
Rumtopf, Großvaters 56

Sahnelikör, Großvaters 90
Salbei-Gewürz-Likör 172
Salbei-Thymian-Tinktur 160
Salbeilikör 126
Schlehen-Lavendel-
Likör 112
Schlehenlikör 42
Schlehenlikör, feiner 114

Thymiantinktur 154
Trockenobst in Rum 32

Vanillelikör, spanischer 138
Veilchenlikör 122

Wacholder-Rosmarin-
Tinktur 146
Waldbeerenlikör 76
Waldmeister-Pfefferminz-
Schnaps 124
Walnusslikör 58
Weinbrandlikör mit
Zimtkirschen 26
Whiskey-Sahne-Likör 90

Zitronen-Birnen-Likör 118
Zitronen-Melisse-Likör 48
Zitronenlikör 82
Zwetschgenlikör 62

garant Verlag GmbH, Benzstraße 56, 71272 Renningen

Bilder Umschlag: www.fotolia.de
Bild oben links: Igor Normann©fotolia.de
Bild oben Mitte: fudio©fotolia.de
Bild oben rechts: al62©fotolia.de
Bild unten: Hetizia©fotolia.de

www.garant-verlag.de

ISBN 978-3-7359-1156-8

Erfahren Sie mehr!